KB131500

분단 이전 북한 사람들은
무엇을 먹고 살았을까?

분단 이전 북한 사람들은 무엇을 먹고 살았을까?

: 일제 강점기 북한 음식

주영하 지음

통일부
국립통일교육원

머리말

왜 일제 강점기 북한 음식에 주목하는가?

1945년 8월 15일 제국주의 일본으로부터 해방된 한반도는 북위 38도를 기준으로 남과 북으로 나뉘어 각각 미군정과 소련 군정의 통치를 받았다. 1950년 6월 25일 북한의 남침으로 시작된 한국 전쟁(6·25 전쟁)은 유엔군과 1951년 1월 중국 인민지원군의 참전으로 국제적인 전쟁이 되었다. 대한민국(이하 〈남한〉)과 조선민주주의인민공화국(이하 〈북한〉)은 1953년 7월 27일 정전 협정이 체결되면서 만들어진 휴전선DMZ을 경계로 지금까지 군사적 대치 상태다.

분단과 한국 전쟁으로 인해 남한으로 이주한 북한 출신을 보통 〈월남민(越南民)〉이라고 불렀다. 정확한 통계 자료가 없고, 연구자들과 이북5도청의 통계가 조금씩 달라 월남민의 숫자를 확정하기는 어렵다. 다만, 한국 전쟁 시기 월남민 숫자에 대해 1955년 인구 센서스에서는 약 44만 9천

명, 권태환의 연구에서는 65만 명,[1] 이북5도청 자료에서는 164만 3천 명[2]으로 나온다.[3] 따라서 여러 연구를 참조할 경우 월남민의 숫자는 대략 46만 명에서 74만 명 사이로 추정된다.[4]

한국 전쟁 직후 월남민은 사회적 위상이나 경제적 생활에서 매우 불안한 상태였다. 먼저, 오랜 터전을 떠나 피란민촌에서 남한의 시민권을 확보하는 일이 쉽지 않았다. 월남민의 피란민촌은 흙벽돌로 지은 집을 가리키는 토막사(土幕舍), 소의 축사를 사용해 소막마을, 그리고 해방촌, 희망촌, 수용소 등으로 불렸다.[5] 이 중 지금 강원도 속초시 청호동에 위치한 〈아바이마을〉은 〈아바이촌〉 혹은 〈함경도 아바이집단촌〉이라고 불렸던 함경도 출신 실향민의 집단촌

1 권태환, 『Demography of Korea: population change and its components, 1925−66』(서울: 서울대학교출판부, 1977).

2 이북5도위원회, 『이북5도30년사』(서울: 이북5도위원회, 1981).

3 김귀옥, 『월남민의 생활 경험과 정체성』(서울: 서울대학교출판부, 1999), 68면.

4 이연식, 「해방 직후 〈우리 안의 난민·이주민 문제〉에 관한 시론」, 『역사문제연구』35호(2016): 138~140; 김아람, 「한국의 난민 발생과 농촌 정착사업(1945~1960년대)」(박사 논문, 연세대학교, 2017), 17.

5 김시덕, 「김시덕의 이 길을 따라가면: 해방촌 희망촌 토막사… 이름으로만 남은 〈역사의 아픔〉 피란민 거주지」, 『한국일보』, 2021년 11월 13일 자, 17면.

이다. 〈아바이〉는 함경도 사람들이 나이 많은 남성을 부르는 말이다.

서울에는 을지로, 퇴계로, 장충동, 필동, 광희동, 신당동 일대에 월남민이 많이 모여 살았다. 식민지 시기에는 일본인 거주지였으나, 해방 후 북한에 김일성의 북한 정부가 성립되면서 38선을 넘어 서울로 이주한 북한 출신 부유층이 비어 있던 일본인 거주지의 가옥을 서울시 미군정으로부터 구매하여 살기 시작했다. 부산 영도, 거제시 장승포, 제주도 등지에도 월남민의 수용소가 있었다. 수용소가 해체된 후 월남민들은 근처에 집단 거주지를 형성하기도 하고, 1950년대 후반에는 전국 각지로 흩어져 거주했다.

월남민에 대한 한국학계의 관심은 1980년대까지 적극적이지 않았다. 냉전 체제에서 월남민에 대한 연구가 자칫 〈친북〉으로 오해받을 수 있었기 때문이다. 그러다가 1979년부터 문화재관리국에서 한국문화인류학회에 용역을 주어 황해도, 평안남북도, 함경남북도 출신 월남민을 대상으로 인터뷰를 실시했다. 하지만 연구 기간이 짧아 당시 경기도 시흥군 소래면 포3리와 인천시 용현동 등의 월남민촌에서만 인터뷰하는 데 그쳤다. 이 결과물은 두 권의 책으로 출간되었다.[6] 하지만 이 보고서는 월남민들이 남한으로 이주하기

전 각자 고향에서 향유했던 문화적 경험을 매우 간추린 것이었다.

한국 전쟁 이후 극심한 냉전 체제에서 북한의 생활문화에 관한 정보는 남한으로 거의 전달되지 않았다. 1980년대 후반 이후에는 문헌 자료에 근거해 북한의 생활문화, 그중에서도 음식을 소개하는 자료가 출간되었다. 가장 대표적인 문헌은 북한 자료인 『조선음식』을 남한에서 다시 인쇄해 출판한 『자랑스런 민족음식: 북한의 요리』다.[7] 북한에서는 이 책이 『사회주의 생활문화백과 제1권 조선음식』으로 출판되었다. 이 책의 2장 「우리 민족의 식생활풍습과 지방음식」 중 〈(3) 특색 있는 지방 음식〉에는 평양과 개성, 그리고 도별로 특징적인 음식이 소개되어 있다.

1990년 10월 16~19일 제2차 남북 고위급 회담이 평양에서 개최되었다. 이 회담에 참석한 남한 측 고위급과 취재 기자들은 냉면으로 유명한 평양의 옥류관에서 10월 17일 개최된 저녁 만찬에 참석했다. 한 기자는 남한으로 돌아온 뒤에 쓴 기사에서 옥류관의 물냉면이 남한의 냉면과 큰 차이

---

6   문화공보부 문화재관리국, 『韓國民俗綜合調査報告書: 黃海·平安南北篇』(서울: 문화공보부, 1980); 문화공보부 문화재관리국, 『韓國民俗綜合調査報告書: 咸鏡南·北道 篇』(서울: 문화공보부, 1981).
7   최필승, 『자랑스런 민족음식: 북한의 요리』(서울: 한마당, 1989).

없었다면서, 양념으로 겨자를 내놓지 않고 식초와 고춧가루가 있었음을 밝혔다.[8] 당시만 해도 남한에 잘 알려지지 않았던 평양 옥류관에서의 체험담이었다. 이 회담 이후 남한 사회에서 북한 음식에 관한 관심이 커졌다.

1999년 5월 서울에 평양 옥류관의 냉면을 판매하는 〈평양 옥류관 서울점〉이 문을 열었다. 이 음식점에는 북한에서 직접 수입한 메밀과 식기, 그리고 평양 옥류관에 직접 가서 그 솜씨를 배워 온 재일 교포 조리 고문까지 있었다. 1999년 6월 3일 자 『주간조선』[9]에는 황해도가 고향인 월남민이 이 음식점을 방문한 뒤에 〈피양(평양)서 메밀 가져왔다고 해서 가족 데리고 왔지. 서울에서 원조 피양(평양) 냉면 맛을 보게 되다니, 참 감회가 좋습니다〉라고 말한 인터뷰 기사가 실렸다.

1950년대 후반만 해도 북한 음식은 이북에서 월남한 사람들이 많이 모여 사는 곳에서나 겨우 맛볼 수 있었다. 서울에는 중구의 오장동이나 필동, 장충동 일대에 월남한 사람

---

8 이상룡, 「잘 대접받고 온 평양음식」, 『샘이깊은물』, 1990년 11월.
9 한현우, 「평양 옥류관 서울점 무늬만 평양냉면 아니요?」, 『주간조선』, 1999년 6월, 1555호. 이 기사는 옥류관 서울점이 수입한 북한산 메밀 10톤이 농수산물유통공사의 창고에 잠겨 있고, 옥류관 서울점의 냉면은 사실 남한산이라는 점을 밝히고 있다.

들이 차린 냉면집과 만둣집이 여럿 있었다. 손님은 대부분 이북 출신이었다. 한 달에 한 번씩 모여 친목을 도모했던 그들은 평안도에서 내려온 사람들은 평양식 음식점에서 모이고, 함경도에서 내려온 사람들은 함흥식 음식점에서 모임을 가졌다.

적어도 1980년대까지 북한 음식은 냉면을 제외하면 이산가족의 향수를 달래는 음식으로, 그들 스스로 만들어 먹는 정도였다. 그런데 1990년대 이후 북한과의 교역과 교류가 부분적으로 이루어지면서 일부 월남민과 정치인, 그리고 언론인이 북한을 방문해 음식 맛을 보고 그 내용을 알리기 시작했다. 북한과 아무런 인연이 없는 남한 사람들도 점차 북한 음식을 〈신기한 나라의 엘리스〉처럼 관심을 보였다.

김일성 사후 북한 사회는 1995년부터 1998년까지 〈고난의 행군 시대〉를 거쳤다. 이 과정에서 수십만으로 추정되는 대규모 북한 이탈 주민(탈북민)이 발생했다.[10] 이들 중 일부가 남한으로 들어오면서 북한의 생활문화, 그중에서 음식에 관한 관심이 늘어났다. 2000년대 이후에는 북한에서 출

10   고유한, 「분단 70년 북한연구 경향에 관한 고찰」, 『統一政策研究』 제 24권 1호(2015): 40.

판된 북한 음식 관련 책이 남한에서 재출간되기 시작했다.[11] 이후 북한의 요리사나 전문가가 집필한 북한 음식 관련 책이 번역되거나,[12] 북한 이탈 주민 중 음식 전공자가 직접 집필한 책도 출판되었다.[13] 또 북한의 전통 음식을 소개하는 남한 출신 학자의 책도 나왔다.[14]

북한 이탈 주민 중 현재 북한 행정구역으로 보면 약 80퍼센트 이상은 함경북도와 양강도 출신이다.[15] 이들 중 대다수는 북한에 거주할 때 평양·개성·해주 등의 평안남북도와 황해남북도, 심지어 함경남도와 강원도를 방문한 경험이 적었다. 그러나 남한에서 소개되는 북한 음식 관련 정보는

11   조선료리협회 편찬위원회의 『북한 전통요리 바로 그맛 266선』(서울: 여명미디어, 2000)과 『북한 생활요리 맛자랑 상차림』(서울: 여명미디어, 2000), 그리고 여명미디어에서 2000년에 각각 출간한, 『북한별미요리』, 『북한 생선 어패류 요리』, 『북한 민속 전통요리』, 『북한특선 육류요리』 등이 있다.

12   후지모토 겐지, 『金正日의 요리사』, 신현호 옮김(서울: 월간조선사, 2003).

13   이애란, 「1990년 전·후 북한주민의 식생활양상 변화」(박사 논문, 이화여자대학교, 2009); 이애란, 『북한식객』(서울: 웅진리빙하우스, 2012).

14   한식재단, 『숨겨진 맛, 북한전통음식』(서울: 한국외식정보, 2013); 휘슬러 R&D팀, 『처음 만나는 북한 요리 수업』(서울: 미호, 2016); 정혜경, 『통일식당 개성밥상』(파주: 들녘, 2021).

15   「최근 남한행 탈북자 85퍼센트 함경도 출신」, DAILY NK, 2009년 6월 30일자.

북한 이탈 주민을 함경북도와 양강도에 한정하지 않고, 북한 전체로 확장하는 경향이 강하다.

한국 전쟁 이후 북한 사회, 그중에서 북한 각 지역의 음식 문화는 많은 변화를 겪었을 것으로 추정된다. 조선 후기에도 북한 지역은 황해도와 평안도를 관서(關西)로, 함경도를 관북(關北)으로 나누어 부를 정도로 지역적 편차가 컸다. 따라서 북한의 음식 문화 역시 관서와 관북으로 나누어야 제대로 이해할 수 있다. 이러한 차이는 오늘날에도 마찬가지여서, 북한에 대해 이해하려면 지역적 차이를 전제로 해야 한다. 그래야 각 지역 음식 문화의 특성을 더 명확히 이해할 수 있다. 차이를 이해하는 일은 서로의 다름을 인정하는 과정이며, 서로의 차이를 수용해야 더욱 잘 이해할 수 있다. 그래서 이 책은 일제 강점기(이하 〈식민지기〉) 북한의 음식 문화에 주목한다.

차례

1장

일제 강점기 북한의 음식 생태

1
개요

고종은 1896년 8월 4일 칙령 제36호 「지방 제도와 관제 개정에 관한 안건」을 재가해 반포했다. 그 내용은 다음과 같다.

전국의 23개 부(府)를 13개 도(道)로 개정했는데 수부 (首府)는 경기도(京畿道) 수원(水原), 충청북도(忠淸北 道) 충주(忠州), 충청남도(忠淸南道) 공주(公州), 전라 북도(全羅北道) 전주(全州), 전라남도(全羅南道) 광주 (光州), 경상북도(慶尙北道) 대구(大邱), 경상남도(慶尙 南道) 진주(晉州), 황해도(黃海道) 해주(海州), 평안남 도(平安南道) 평양(平壤), 평안북도(平安北道) 정주(定 州), 강원도(江原道) 춘천(春川), 함경남도(咸鏡南道) 함 흥(咸興), 함경북도(咸鏡北道) 경성(鏡城)이다.[16]

식민지기 도청 소재지가 바뀐 사례는 있었지만, 이와 같은 행정 제도는 지속되었다. 다만, 평안북도의 도청 소재지는 대한 제국 시기인 1897년에 정주에서 영변(寧邊)으로, 1907년에 다시 의주(義州)로 바뀌었다. 1905년 서울 용산역에서 의주역에 이르는 경의선이 개설되면서 새로 생긴 의주역 근처는 〈신의주(新義州)〉라는 이름을 얻었다. 1921년에는 평안북도의 도청을 신의주로 옮겼다. 함경북도의 도청 소재지는 경성에서 나남(羅南)으로 이동했다. 이후 1938년에 청진(淸津)이 나남을 편입해 함경북도의 도청 소재지가 되었다.

북한은 1946년 9월 평양시를 특별시로 개편하고, 38도선 이북의 강원도 지역에 함경남도 남부 지역 일부와 경기도 일부를 통합해 강원도를 신설하고, 원산(元山)을 도청으로 정했다. 1949년 1월 평안북도 동부 지역을 분리해 자강도(慈江道)를, 1954년 함경남도 북부 내륙 지역을 나누어 량강도(兩江道)를, 황해도를 남도와 북도로 분할했다.[17] 2022년 현재 북한은 평양직할시, 남포특별시, 나선특별시,

16 『고종실록』1896년 8월 4일 양력, 4번째 기사.
17 북한연구소 편집부, 「북한 인문지리탐구 ① 북한행정구역」, 『北韓』, 2003년, 376호, 165면.

그리고 평안남도(평성시), 평안북도(신의주시), 황해남도(해주시), 황해북도(사리원시), 자강도(강계시), 양강도(혜산시), 함경남도(함흥시), 함경북도(청진시), 강원도(원산시) 등의 9도로 구성되어 있다.

이 장은 식민지기 북한의 음식 생태를 살피는 데 목적을 둔다. 따라서 식민지기 황해도(해주), 평안남도(평양), 평안북도(신의주), 함경남도(함흥), 함경북도(청진)의 농수산업과 산업에 관해 살핀다. 근거로 삼은 자료는 1930년 일본에서 출판된 『일본지리풍속대계(日本地理風俗大系) 제17권 조선(朝鮮) 하(下)』이다.[18] 『일본지리풍속대계』는 전체 18권으로, 일본 본토의 각 지방 편(제1~제14권)과 타이완 편(제15권), 조선 편(제16~17권)과 총론(제18권)으로 구성된 거작이다. 조선 편의 상권인 제16권은 주로 사진으로, 하권인 제17권은 도별로 인문 지리와 연혁, 산업, 그리고 지방별 소개로 구성되어 있다. 특히 이 책 산업 부분 내용은 1920년대 중반 북한 지역의 음식 생태를 살필 수 있는 자료가 풍부하다. 다만, 내용 대부분이 일본인의 시선에서 한반도의 산업화 가능성을 살폈다는 한계를 지닌다.

18 仲摩照久, 『日本地理風俗大系 第十七卷, 朝鮮 下』(東京: 新光社, 1930).

음식 생태는 식재료의 생산 환경과 지역별 정치경제적, 사회문화적 조건을 가리킨다. 당연히 지리적 위치와 기후·토질 같은 물리적 생태 조건은 지구상에서 다양한 음식 생태를 만들어 냈다. 그러한 음식 생태는 생업 방식을 다르게 했다. 가령 온대 지역에서는 농사를 주로 짓고 곡물을 주식으로 소비했으며, 강과 바다에 접한 지역 사람들은 물고기, 어패류, 해조류를 식재료로 이용해 식탁을 차렸다. 수렵과 채집에 의존했던 사람들은 구근 작물과 열매 등을 주식으로 삼고 사냥을 통해 동물성 단백질을 확보했다. 목축을 주로 했던 사람들은 동물의 젖과 고기류를 중요한 식재료로 이용하면서 농경 지역 사람들과 곡물류를 교환해 섭취하는 방식을 취했다.

한반도의 오랜 역사에서 동해의 함경남도·함경북도와 서해의 평안남도·평안북도 사람들이 즐겨 먹어 온 어물의 종류가 달랐다. 아울러 백두산을 머리에 이고 있는 모습인 개마고원과 남쪽으로 이어진 산맥이 관통하는 지역은 산촌을 형성해 평야 지대와 음식 생태에서 차이를 보였다. 하지만 19세기에 들어오면서 계층에 상관없이 〈밥＋국＋반찬〉의 식탁 구조가 전국적으로 나타났다. 식민지기 북한 사람들은 남한 사람들과 마찬가지로 〈밥＋국＋반찬〉의 식사 구조를 지향했다. 다만, 북한 지역에서는 메밀가루, 감자전분, 옥수숫가루, 밀가루 등으로 만든 국수가 밥을 대신하는 경우가 남한보다 많았다. 다음에서는 평안도, 황해도, 함경도의 식민지기 음식 생태를 간략하게 살펴본다.

2
평안도

조선 시대에는 평안남도와 평안북도를 합쳐 〈평안도〉라고 불렀다. 평안도의 중심 도시는 고려 시대 이래 평양이었다. 조선 시대 평양은 서울에서 중국으로 오가는 사신들이 장기간 머무르는 매우 중요한 도시였다. 서울과 신의주를 잇는 경의선은 1905년 1월에 평양과 신의주 간 철도가 완성되었고, 3월에 대동강철교가 준공되었다. 1906년 3월 청천강철교가 준공되어 용산역에서 신의주역을 잇는 경의선이 완공되어 열차가 운행되기 시작했다. 경의선은 제국 일본이 대륙 침략을 목적으로 부설한 철로로, 평양역이 그 중심에 있었다.

식민지기 평양은 대표적 공업 도시였다. 평양 인근에는 무연탄과 시멘트 같은 천연자원이 풍부하게 매장된 탄광이 여러 곳 있었다.[19] 아울러 대동강의 수운과 철로 개설로 교통이 편리해져 공업 도시의 조건을 두루 갖추었다. 그래서 평양 근교에는 화력 발전 공장인 조선전기흥업주식회사를 비롯해 고무 공장, 양말 공장, 실을 생산하는 제사 공장, 외국에서 수입한 사탕수수와 사탕무로 설탕을 생산하는 일본제당 공장, 쌀을 정미하거나 전분을 만드는 정곡 공장, 소주·청주·맥주 따위를 생산하는 양조 공장, 담배를 생산하는 연초 공장, 철 공장, 신발 공장 등이 자리 잡고 있었다.

또 식민지기 평양은 상업 도시였다. 약 12만 명의 평양 주민 중에는 조선인이 대다수였지만, 일본인과 중국인도 적지 않았다. 대동강 북부에는 조선인 거리가, 대동강 인근에는 일본인 거리가 조성되었다. 일본인들은 평양을 대륙 침략의 교두보로 삼았다. 평안남도의 행정 중심지인 평양은 각종 공업 물산이 유통되는 중심지여서, 시가지에는 일본 요리옥, 조선요리옥, 청요리옥 등 고급 음식점과 각종 국수류를 판매하는 면옥을 비롯한 음식점이 많았다.

식민지기 평양 다음으로 큰 평안도 중심 도시는 진남포 (鎭南浦, 지금의 남포특별시)였다. 진남포는 1897년 10월 1일 개항하면서 형성된 도시로, 일본인이 많이 거주했다.

19   仲摩照久, 『日本地理風俗大系 第十七巻, 朝鮮 下』(東京: 新光社, 1930), 274~275면.

1장 일제 강점기 북한의 음식 생태

진남포에서는 특히 평안남도 여러 곳에 있던 시멘트와 무연탄을 국내외로 보내는 광물 중개업이 크게 성장했다. 또한 진남포는 평양의 입구처럼 활용되었다.[20] 1924년 진남포와 중국 상하이를 오가는 해운이 개설되면서 사탕, 시멘트, 과실, 일용 잡화 등의 중국 수출이 늘어났다.[21] 평양 근처 농촌에서는 소를 많이 키워, 식민지기 평양우(平壤牛)는 전국적으로 이름이 나 있었다.

진남포에는 평안남도 평야에서 생산된 쌀을 도정하는 정미업, 중국 동북 지역에서 수입한 밀을 가루 내는 제분업 등이 활발했다. 특히 진남포의 북서쪽 12킬로미터 해안인 광량만(廣梁灣) 일대에서는 일본인에 의해 천일 염전이 대형으로 개발되었다. 광량만 일대는 연평균 강수량이 7백 밀리미터 안팎으로 비가 적고, 여름이면 온도가 높고 건조하며, 썰물과 밀물의 차이가 5~7미터에 이르렀다. 홍수가 날 경우 큰 피해를 보기도 했지만, 광량만의 염전은 당시 한반도에서 생산량이 가장 많은 염전 중 하나였다. 특히 발해만 연안의 중국 천일 염전과 경쟁하는 국제적 소금 생산지로 꼽

---

20 「近世朝鮮商工業의 發達史(二)」, 『동아일보』, 1921년 4월 21일 자, 1면.
21 仲摩照久, 『日本地理風俗大系 第十七卷, 朝鮮 下』, 276면.

했다.[22]

평안북도는 연안 지방의 쌀과 어류, 중부 지방의 누에고 치와 금(金), 고원 지대의 목재 등이 주요 산물이었다. 압록강 하구의 용암포(龍巖浦)는 여름이면 평안북도 서해와 발해만 일대에서 조업하는 어선들로 장사진을 이루었다.[23] 특히 신의주는 압록강을 국경선으로 중국과 이어지는 국경 도시로 개발된 평안북도의 도청 소재지였다. 평안북도의 고원 지대는 목재가 많아 제재공업과 목재 거래가 활발했다.

평안북도 농촌에서는 대두(大豆, 콩) 생산이 많았다. 신의주에는 농촌에서 생산된 콩으로 기름을 짜는 〈유방(油房)〉이라고 불린 콩기름 공장이 여러 곳 있었다. 콩기름을 짜고 남은 대두박 생산도 많아져 이것을 주로 돼지 사료로 사용했다. 따라서 신의주 근처 농촌에서는 돼지 사육자가 늘어나, 평안북도 도시 사람들은 돼지고기를 많이 먹었다.

22 위의 책, 279면.
23 仲摩照久, 『日本地理風俗大系 第十七卷, 朝鮮 下』, 290면.

3
황해도

식민지기 황해도 인구 대부분은 농업에 종사했다.[24] 황해
도의 주요 농산물은 쌀(약85만 석), 대두(약45만 석), 소맥
(밀, 약70만 석), 조(약90만 석), 사과(약150만 관) 등이었
다. 쌀의 주요 생산지는 연백평야(延白平野) 일대였다. 지
금의 강화도 교동도 북쪽 땅이 연백평야다.

연백평야는 예성강(禮成江) 서쪽에서 해주 근처까지 이
를 정도로 넓었다. 멸악산맥의 작은 산들 사이로 흐르는 예
성강, 한교천(漢橋川), 나진포천(羅津浦川), 풍천(楓川), 화
양천(花陽川) 등의 유역에 형성되었다. 1930년 완공된 연해
수리조합(延海水利組合)과 1934년 완공된 황해수리조합
(黃海水利組合)은 연백평야를 곡창 지대로 만들었다. 식민
지기에 연백평야에서 수확한 쌀은 연백군의 나진포에서 강

24 앞의 책, 228면.

화도를 거쳐 인천의 제물포항으로 이송되어 일본으로 수출되었다.

식민지기에는 쌀뿐만 아니라 밀 생산량도 황해도가 조선 전체에서 가장 많았다. 밀은 파종 시기에 따라 봄밀과 겨울밀로 나뉜다. 봄밀은 밀을 많이 재배하는 서유럽, 중앙아시아, 중국 서북부와 동북부, 북미 북부, 호주 등에서 주로 재배된다. 한반도에서는 겨울에 심어 한여름 장마가 오기 전인 음력 6월 초에 수확하는 겨울밀만 재배한다. 황해도는 겨울밀의 주요 산지였다. 그래서 조선 후기부터 황해도 사람들은 한여름에 겨울밀을 수확해서 만두나 국수를 만들어 먹었다.[25] 이와 같은 음식 생태는 경기도 개성에도 전해져, 개성의 편수는 식민지기에도 전국적으로 이름이 날 정도였다.

황해도의 해안 어촌은 서해안에 접해 있어 전라남도 영광 법성포와 함께 조기 산지로 유명했다. 지금 인천광역시 옹진군에 속하는 연평도는 식민지기 황해도 벽성군 송림면 연평리였다. 대연평도는 조선의 3대 어장 중 하나로, 매년 5~6월 연평도 근해 여러 섬에는 조기를 잡은 어부들이 장사진을 쳤다.[26] 가장 많을 때는 조기 어선 7백~8백 척이 연

---

25   주영하, 『조선의 미식가들』(서울: 휴머니스트, 2019), 202면.

평도 근해에 모여들었다. 심지어 일본의 규슈(九州)에서 연평도로 조기를 잡으러 오는 어부도 적지 않았다. 당시에는 얼음을 비롯한 냉장 시설이 갖추어지지 않아, 어획한 조기는 주로 소금에 절여서 유통되었다.

조기는 한자로 〈석수어(石首魚)〉라고 적었다. 연평도 사람들 사이에는 임경업(林慶業, 1594~1646) 장군과 어살을 전설로 연결시킨 이야기가 전해진다. 어살은 물고기를 잡는 장치의 한 가지로, 썰물로 바닷물이 빠져나간 개펄에 날개 모양으로 나무를 촘촘히 꽂아 밀물 때 들어온 물고기가 밖으로 빠져나가지 못하게 만든 장치다. 이야기는 다음과 같다.

병자호란으로 나라가 어지러울 때 임경업 장군이 명나라와 연합해 청나라를 물리치자는 밀서를 보내려다가 발각되어 중국으로 도피했다. 중국으로 향하던 도중 연평도에 들른 임경업 장군은 먹을 것을 마련하면서 선원들에게 가시가 있는 엄나무로 어살을 만들도록 명령했다. 그랬더니 다음 날 아침에 수천 마리의 조기가 엄나무 발에 꽂혀 있었다. 이후 조기잡이를 하는 어부들은 어살을 이용해 조기 잡는

---

26   仲摩照久, 『日本地理風俗大系 第十七卷, 朝鮮 下』, 236면; 李陽淑, 「延坪島近海의 조기漁業」, 『綠友研究論集』9호(1967): 183.

법을 가르쳐 준 임경업 장군의 사당에 참배하고 풍어를 기원하는 풍습을 갖게 되었다.

황해도 어촌에서는 조기 외에도 도미, 민어, 까나리, 새우, 해삼, 가리비 등이 많이 잡혔다. 그중에서 해삼은 건조해 사리원역을 통해 중국 동북부 대도시 선양(瀋陽)에까지 수출했다. 아울러 지금의 황해남도 옹진군의 용호도(龍湖島)에는 수산학교가 있었고, 이곳에서 양식으로 수확한 김은 해주와 개성에서 유통되었다. 대청도의 장산곶은 고래잡이로 유명했다.

4
함경도

한반도에서 가장 높은 고원인 개마고원이 있어, 남한 사람
들은 함경도를 산악지대로 이해하는 경향이 강하다. 하지
만 함경남도의 함흥평야는 남북 길이가 약 24킬로미터, 동
서 길이가 약 16킬로미터에 이른다.[27] 함흥평야는 북쪽에
함경산맥, 서쪽에 낭림산맥으로 둘러싸여 있고, 북동쪽에
서 호련천(瑚璉川)을 합류한 성천강(城川江)이 평야의 북
부 지역에서 남북으로 관통해 동해로 흘러든다. 1921년에
치수 사업으로 폐쇄된 서성천강(西城川江)이 동성천강(東
城川江)으로 합류해 동부 지방을 관개하면서 평야 면적이
더 넓어졌다.[28]

27   참고로 도시화, 산업화가 진행되기 이전 김해평야는 동서 길이가 약
12킬로미터, 남북 길이가 약 20킬로미터였다.
28   「함흥평야」, 한국민족문화대백과사전 누리집, 한국학중앙연구원.

함흥평야의 쌀 생산량은 적지 않았다. 함흥평야를 제외한 함경남도 지역의 산물은 콩, 팥, 조, 감자 등 밭작물이 많았다. 특히 함흥대두(콩)는 전국에서 이름이 나 있었다. 원산 근처 농촌에서는 소를 많이 키웠다. 평양우와 함께 원산우는 전국적으로 이름날 정도였다.

함흥남도 도청 소재지였던 함흥 근처 서호진(西湖津)은 11월에서 2월 사이 명태 어획량이 전국에서 가장 많았다.[29] 명태는 흰 생선 살뿐만 아니라 명란젓을 담그는 데도 쓰였다. 명란젓은 캔에 담아 일본으로 수출되었다. 명태 외에 방어, 고등어, 정어리 등의 어획량도 적지 않았다. 특히 6월에서 11월 사이 정어리는 생선으로 식용되기도 했지만, 대부분 생선 기름인 어유(魚油) 재료로 쓰였다. 아울러 대구포와 말린 굴 등은 일본으로, 말린 해삼은 전부 중국으로 수출되었다.[30]

함경북도의 도청 소재지는 청진이었다. 원산과 청진 사이에 위치한 개항장 성진(城津)에서는 콩, 생우(生牛), 우피(牛皮), 해산물 등이 집결되어 일본으로 수출되었다. 그 외 청진의 주요 수출품으로는 쌀과 벼, 해산물류, 과실, 면직

29 仲摩照久, 앞의 책, 318면.
30 위의 책, 375면.

사, 면직물, 작업화, 시멘트, 법랑철기, 목재, 철 등이 있었다.[31] 함경북도에서 가장 부유한 지방이었던 길주(吉州)는 쌀과 콩의 주요 산지였으며, 일본에 수출하는 길주우(吉州牛)도 유명했다.

31   송규진, 「일제 강점기 〈식민도시〉 청진 발전의 실상」, 『史學硏究』 110집 (2013): 358.

평양 음식

1
평양 개요

조선 시대 평양은 북성(北城), 내성(內城), 중성(中城), 외성(外城) 등으로 구성된 군사 및 행정 중심의 성곽 도시였다.[32] 1894년 청일 전쟁 직후에는 내성에 서양인, 중국인, 일본인이 거주하기 시작했다. 그리고 1904년 러일 전쟁 이후에는 일본인이 주로 외성 지역에 살아 이곳이 일본인의 신시가지로 개발되었다. 1915년에 평양의 시가는 구(舊)성문을 경계로 신시가와 구시가로 나뉘었다. 일본인이 주로 거주하는 신시가에는 관공서, 학교, 병원, 교회, 사원, 여관, 클럽, 극장 등이 자리 잡았다.[33] 조선인 거리에는 주로 조선요릿집, 국숫집, 면옥 등이 자리 잡고, 일본인 거리에는 일

---

32 윤정란, 「일제의 근대 식민지 도시 〈대평양〉 건설과 평양 조선인들의 대응」, 『현대유럽철학연구』 제66집 (2022): 132.

33 平壤名勝舊跡保存會, 『平壤之現在及將來』, 1915년.

본요릿집, 중국요릿집, 빙수점, 다과점 등이 들어섰다.[34] 다음에서는 식민지기 평양에서 이름났던 음식에 대해 살펴본다.

34 「平壤印象 (9) 料理批判 平壤冷麵」, 『동아일보』, 1926년 8월 21일 자, 3면.

2
평양불고기

식민지기 평양의 소는 품질이 좋아 전국적으로 이름이 났다. 평양의 소는 〈평양우〉라고 불렸다. 체구가 크고 매우 유순해 일을 시키기에 적합하며 석회암층에서 사육해 맛이 좋았다.[35] 당시만 해도 소는 노동을 위한 소와 고기로 먹기 위한 소로 나뉘었는데, 평양우는 이 두 가지에 모두 적합했다. 평양우는 주로 평안남도 순천, 맹산, 양덕, 덕천, 성천, 영원 등 산간지대의 들판에서 키웠다.

당시 평양에는 전국에서 가장 큰 우시장이 있었다. 평양 인근의 읍면 소재지 우시장에서 유통된 소는 대부분 평양의 평양축산조합을 통해 도축되어 〈평양우〉라는 이름을 얻었다. 평양우는 체격이 강대하면서 가격이 저렴해 살아 있

35　平安南道, 『平壤小誌』, 1933년: 이규진·조미숙, 『불고기: 한국 고기구이의 문화사』(서울: 따비, 2021), 83~84면 재인용.

는 생우와 소고기가 진남포 항구를 거쳐 일본에까지 수출되었다.[36] 1922년 8월 도쿄에서 개최된 평화 박람회에서 〈평양우〉는 이등상을 받았다.[37]

1930년대 초반부터 평안남도에서는 평양우의 품질 등급을 올리기 위해 비육우(肥肉牛) 육질 개량 정책을 펼쳤다.[38] 그 결과, 1930년대 중반 이후 평양 사람들은 전국에서 가장 많은 양의 소고기를 먹었다.[39] 평양의 음식점 중에는 소고기로 불고기와 〈스키야키〉, 갈비 따위를 판매하는 곳이 매우 많았다. 평양의 소고기 소비량이 너무 늘어나자 평안남도에서는 1941년 가을부터 음식점에서 손님 한 사람에게 제공하는 소고기의 양을 제한하는 정책까지 펼쳤다.

식민지기 평양의 불고기는 모란대에 있던 음식점에서 많이 팔았다.[40] 동아일보사의 평양 지국 기자인 오기영(吳基永, 1908~?)은 『동아일보』 1935년 5월 1일 자 석간 3면에서 「팔로춘색(八路春色)」이란 제목으로 당시 평양 풍경을 연

---

36 林采成, 『飲食朝鮮: 帝国の中の「食」経済史』(名古屋: 名古屋大學出版會, 2019), 53면.
37 「畜産組合祝賀宴」, 『동아일보』, 1922년 8월 10일 자, 4면.
38 「牛肉等級模型을 購入 平壤牛肉質改良, 肥肉, 去勢도 厲行」, 『매일신보』, 1935년 5월 16일 자, 4면.
39 「肉食에 制限令」, 『매일신보』, 1941년 10월 23일 자, 3면.
40 주영하, 『음식을 공부합니다』(서울: 휴머니스트, 2021), 70~87면.

재하는 칼럼을 썼다. 그중 5월 1일 자 기사의 소제목은 〈옛 생각은 잊어야 할까, 낡아 가는 패성(浿城)의 봄빛이여!〉이다. 여기에서 〈패성〉은 평양을 가리킨다.

기사 내용은 다음과 같다.

> 대동강변 40리 긴 숲의 풀빛을 뿌리까지 짓밟은 일청, 일러 두 싸움 통에 총상을 입은 채 서 있는 기림의 늙은 소나무 밑에는 〈봄놀이〉도 한창이다. 소고기를 굽는 것이다. 야유회의 맑은 운치도 있음 직하거니와 모진 뿌리가 죽지 않아 살아남은 노송들이 그 진저리 나는 고기 굽는 냄새에 푸른빛조차 잃은 것 같다.[41]

이 글은 청일 전쟁과 러일 전쟁 싸움터였던 평양에서 살아남은 늙은 소나무가 사람들의 소고기 굽는 냄새에 몸살을 앓고 있다는 이야기다.

1935년 5월 5일 자 『동아일보』 석간 5면에는 「모란대 명물 불고기 금지」라는 기사가 실렸다.

---

41 吳基永, 「八路春色: 옛 생각은 잊어야 할까, 낡아가는 패성(浿城)의 봄빛이여!」, 『동아일보』, 1935년 5월 1일 자, 석간 3면.

평양 모란대 송림 속을 놀이터 삼는 주객에게는 매우 섭섭한 일이나 모란대 송림의 명물인 〈불고기〉는 옥외에서 굽지 못하기로 되었다 한다. 모란대는 풍치가 좋은 곳이라 부민의 유람지요 또한 유원지인데 이 〈불고기〉 굽는 연기로 말미암아 청청한 솔나무가 시들시들 마를 뿐 아니라 고기 굽는 냄새는 유람객 혹은 산보하는 이에게 불쾌를 주어 말썽이 많았던바 대동서(大同署)에서는 부당국과 협의하여 풍치림(風致林)을 보호하는 의미에서 불고기 옥외 영업은 일절 금지하기로 되었다 한다.[42]

1935년 5월 평양 대동경찰서에서는 옥외 불고기 금지 조처를 내렸다. 〈모란대 불고기 금지〉 기사는 『동아일보』뿐만 아니라, 당시 조선 총독부 기관지였던 『매일신보』에도 실렸다. 『매일신보』 1935년 5월 5일 자 4면 기사를 보면, 개인이 모란대 숲속에서 불고기를 구워 먹은 것이 아니었다. 모란대에는 을송정, 봉황각, 기림정과 같은 상호를 내세운 불고기 음식점이 있었는데, 이 음식점에서 불고기 굽는 냄새가 모란대 숲에 진동했던 것이다.

『매일신보』 1941년 7월 30일 자 석간 3면에는 불고기를

42 「모란대 명물 불고기 금지」, 『동아일보』, 1935년 5월 5일 자, 석간 5면.

아예 일본어인 〈야끼니꾸〉라고 썼다. 『매일신보』는 1904년 7월 18일, 영국인 어니스트 베델Ernest Bethell(1872~1909) 이 창간한 『대한매일신보』를 조선 총독부가 사들여 1910년 8월 30일부터 〈대한〉 두 자를 떼고 『매일신보』로 바꾸어 직접 운영한 어용 신문이다. 1930년대부터 논조로 〈내선일체(內鮮一體)〉를 내세워 기사를 내보냈다. 따라서 일본어에도 능통했던 이 신문사의 조선인 기자들이 〈평양 명물 불고기〉를 한자로 〈소육(燒肉)〉이라 쓰고, 일본어 읽기로 〈야끼니꾸〉라 적기도 했던 것이다.

소설가 이효석(李孝石, 1907~1942)은 평양에서 4년 정도 살면서 「유경식보(柳京食譜)」라는 글을 남겼다.[43] 그는 평양의 불고기를 〈야끼니꾸〉라고 부르면서 이렇게 적었다.

요리법으로 가장 단순하고 따라서 맛은 담백합니다. (중략) 소담한 까닭에 몇 근이고 간에 양을 사양하지 않는답니다. 평양 사람들은 대개 골격이 굵고 체질이 강장하고 부한 편이 많은데 행여나 야끼니꾸의 덕이 아닌가 혼

---

43 이효석, 「유경식보」, 『조선문단』, 1935년 4월; 방민호, 『모던 수필』(서울: 향연, 2002), 46~49면 재인용.

자 생각에 추측하고 있습니다.[44]

이효석은 평양 불고기의 맛이 담백하다고 했다.

조풍연은 평양식 불고기 요리법을 다음과 같이 소개
했다.

석쇠에 물을 적신 백지를 씌우고 고기를 얹어 굽는다.
또 양념을 하지 않고 날고기를 익힌 다음에 익으면 양념
간장을 찍어 먹는다.[45]

소고기의 비육 부분 품질을 개량했던 1930년대 초반의
〈평양우〉는 양념을 하지 않고 그대로 구워도 고기 냄새가
나지 않았던 모양이다.

1994년 북한의 〈조선료리협회 전국리사회〉에서 펴낸
『조선료리전집』의 불고기 요리법은 다음과 같다.[46] 먼저 재
료는 〈소 등심 1kg, 식초 10g, 깨소금 1g, 파 20g, 간장 20g,

44   앞의 책, 46~49면.
45   조풍연,「食道樂 쇠고기 저며 양념해 구운 溫陽 너비아니」,『경향신문』,
1987년 7월 10일 자, 9면.
46   조선료리전집편집위원회,『조선료리전집』(평양: 조선료리협회 전국
리사회, 1994), 78면.

마늘 10g, 참기름 30g, 후춧가루 0.5g, 사탕가루 101g, 배 1쪽)이다. 만드는 방법은 〈① 간장에 다진 파, 마늘, 식초, 배즙, 참기름, 후춧가루, 사탕가루를 넣어 양념 즙을 만든다. ② 소 등심을 얇게 저며 양념 즙을 두고 재워 놓는다. ③ 재운 고기는 적쇠에 펴놓고 숯불에 구워 초간장을 찍어 먹는다〉라고 했다. 1994년의 불고기는 양념을 했지만, 서울의 불고기에 비해 양이 매우 적은 편이었다. 이것을 초간장에 찍어 먹는다는 점은 식민지기 평양 불고기 요리법이 지속되었을 가능성이 크다.

또 이 책에는 평양의 북쪽인 순안 지명을 딴 〈순안불고기〉가 유명하다는 내용도 나온다.[47] 순안불고기 요리법은 〈소고기를 양념에 재웠다가 숯불에 굽는 독특한 조리 방법과 누린 맛과 잡맛을 없애는 마늘과 고소한 냄새를 풍기는 참기름 등으로 만든 특이한 양념 맛이 한데 어울려 독특한 불고기 맛을 낸 데 있다〉[48]라고 했다. 2013년 한국에서 나온 『숨겨진 맛 북한전통 음식: 첫 번째』에 실린 순안불고기 요리법에도 주재료는 소 등심이다. 앞의 『조선료리전집』의

---

47   조선과학백과사전출판사·한국평화문제연구소, 『조선향토대백과 18 · 민속』(서울: 평화문제연구소, 2003), 69면.

48   조대일, 『조선민족음식』(평양: 외국문출판사, 2018), 81면.

불고기 요리법과 비슷하다. 하지만 양념을 별도로 한 요리법이라서 식민지기 평양 불고기와는 약간 다르다.

3
평양냉면

냉면은 조선 후기 문헌에 등장하는 음식이다. 주로 평안도의 평양과 황해도를 방문했던 서울 지식인들이 냉면과 관련된 글을 남겼다.[49] 서울 사람 홍석모(洪錫謨, 1781~1850)는 『동국세시기(東國歲時記)』에 평양의 냉면에 관해 구체적으로 적었다. 『동국세시기』는 서울 사람들이 기념했던 명절이나 중요한 행사를 음력 1월부터 12월까지 월별로 나누어 기록한 책이다. 홍석모는 냉면을 음력 11월, 곧 지금의 양력 12월에 먹었다고 했다. 그러면서 〈관서의 국수가 가장 훌륭하다〉라고 적었다. 여기에서 〈관서〉는 앞에서도 밝혔듯이 평안도와 황해도를 가리킨다.

홍석모가 적은 냉면 요리법은 다음과 같다.

---

49   주영하, 『조선의 미식가들』, 55~59면.

메밀국수를 무김치나 배추김치에 말고 돼지고기를 넣은 것을 냉면(冷麵)이라고 부른다. 또 국수에 여러 가지 채소와 배·밤, 쇠고기·돼지고기 편육, 기름장을 넣고 섞은 것을 골동면(骨董麵)이라고 부른다.[50]

홍석모는 이 글에서 〈냉면〉과 〈골동면〉이라는 두 가지 국수를 언급했다. 그것도 단지 〈국수〔麵〕〉라 하지 않고 〈메밀국수〔蕎麥麵〕〉라고 구체적으로 밝혀 놓았다.

19세기 말에 쓴 요리책으로 추정되는 대전의 은진(恩津) 송씨 송병하(宋炳夏, 1646~1697) 집안의 『주식시의(酒食是儀)』에서는 〈냉면〉의 국물로 〈동치머리〉, 즉 〈동치미〉를 쓴다고 했다.[51] 1896년에 쓴 것으로 추정되는 한글 요리책 『규곤요람(閨壼要覽)』에서는 〈싱거운 무김칫국에다가 화청(和淸)해서〉라고 했다.[52] 여기에서 〈화청〉은 꿀을 넣는다

50   洪錫謨, 『東國歲時記』, 11월 月內: 用蕎麥麵沈菁菹菘菹和猪肉, 名曰冷麵. 又和雜菜梨栗牛猪切肉油醬於麵, 名曰骨(滑)董麵; 국립민속박물관, 『조선대세시기Ⅲ: 경도잡지·열양세시기·동국세시기』(서울: 국립민속박물관, 2007); 홍석모, 『동국세시기』, 장유승 역해(파주: 아카넷, 2016).

51   작자 미상, 『주식시의(酒食是儀)』, 〈냉면〉: 동치머리 국슈을 말면 그 국의 말고 그 우의 무슈 유을 가지 졈이여 언고 져뉵 달걀 붓쳐 치고 호초가로 실을 언져 쓰면 명월면이라.

52   작자 미상, 『규곤요람(閨壼要覽)』(고려대소장본), 〈넝면법〉: 승건 무김 치국이다? 화쳥 히셔 국슈을 말고 져육을 줄 살마 썰어노코 비와 밤과 복셩

는 말이다. 동치밋국뿐 아니라 꿀까지 넣어 냉면 국물을 만들었던 것이다.

홍석모보다 한 세대 앞선 유득공(柳得恭, 1748~1807)은 비록 윤달이지만 음력 3~4월에 평양에서 냉면을 먹었다.[53] 이면백(李勉伯, 1767~1830) 역시 1826년 음력 3월에 평양에 들러 사람을 얼게 하는 냉면을 먹고 시를 지었다.[54] 이로 미루어 18세기 말과 19세기 초 평양 사람들은 겨울은 물론이고 봄에도 냉면을 먹었던 듯하다. 그즈음에 제작된 것으로 추정되는 평양 지도 「기성전도(箕城全圖)」에는 아예 냉면 거리가 표시되어 있을 정도다. 대동강 주변의 즐비한 가옥 사이에 〈향동(香洞) 냉면가(冷麵家)〉라는 지명을 표시해 놓았다. 당시 평양에 냉면 음식점 밀집 거리가 따로 있었던 모양이다. 따라서 18~19세기에 평양은 겨울 냉면으로 이름난 곳이었다.

을 얄게 점어 너코 온갓쓰리논이라.

53　유득공, 『영재집(泠齋集)』 권1, 「서경잡절(西京雜絶) 15수」: 小兒持拂正驅蠅, 冷麵蒸豚價始騰, 四月初旬燈市罷, 輕明鷗卵食單增.

54　이면백, 『대연유고(岱淵遺藁)』 권1, 「기성잡시(箕城雜詩)」: 冷麵氷人紅露熱. 이면백은 평안도 태천현(泰川縣, 지금의 평안북도 태천군) 현감으로 있던 아들 이시원(李是遠, 1790~1866)을 방문했다가 평양에 들른 듯하다. 그때의 소감을 읊조린 「기성잡시」에 〈냉면은 사람을 얼게 하고, 홍로주는 뜨겁게 하네〉라는 시구가 나온다.

평안도뿐 아니라 황해도 역시 당시 냉면으로 유명한 고장이었다. 1797년 음력 윤6월부터 1799년 음력 1월까지 곡산(谷山, 지금의 황해북도 곡산군) 부사(府使)로 재직했던 정약용(丁若鏞, 1762~1836)은 서흥도호부(瑞興都護府, 지금의 황해북도 서흥군) 부사 임성운에게 한시를 한 편 보내면서 〈(음력) 시월 들어 서관(西關, 평안도와 황해도)에 한 자나 눈이 쌓이면, 겹겹이 휘장에 푹신한 담요로 손님을 붙잡아 둔다네. 벙거짓골(삿갓 모양의 전골냄비)에 저민 노루고기 붉고, 길게 뽑은 냉면에 배추김치 푸르네〉[55]라고 했다. 황해도 사람들 역시 한겨울에 냉면을 즐겼던 것이다.

당시에는 메밀이 제주도를 포함해 전국에서 재배되었다. 이응희(李應禧, 1579~1651)는 『옥담시집(玉潭詩集)』에서 메밀을 음력 7월 초순에 심어 가장 늦게 수확한다고 했다.[56] 메밀은 여름에 파종해 2~3개월만 지나면 수확할 수 있을 정도로 생육 기간이 짧고, 토양을 가리지 않고 잘 자란다. 특

---

55   정약용, 『다산시문집(茶山詩文集)』 제3권, 「戲贈瑞興都護林君性運(時與遂安守同至, 州考省試回)」: 西關十月雪盈尺, 複帳軟氍留欵客, 笠樣溫銚鹿臠紅, 拉條冷麪菘菹碧.

56   이응희, 『옥담시집(玉潭詩集)』, 「만물편(萬物篇)·곡물류(穀物類)」, 〈목맥(木麥)〉: 七月初耕種, 能專殿後權, 玉花含露發, 玄實冒霜堅, 作麪春宜白, 烹饅擣可千, 衣皮何所用, 藏蓄備荒年.

히 가을에 추수하는 벼와 한여름에 추수하는 보리·밀과 재배지와 농사 기간이 겹치지 않아 구황작물 역할도 했다. 홍석모가 살던 당시 황해도와 평안도 사람들은 한여름에 겨울밀을 수확해 만두와 함께 국수를 자주 만들어 먹었다. 그런 식습관 때문에 겨울이 되면 늦가을에 추수한 메밀로 냉면을 만들어 먹었다. 그래서 홍석모는 음력 11월 월내 세시 음식으로 냉면을 꼽았던 것이다.

조선 후기 평양냉면의 명성은 20세기에 들어와서도 지속되었다. 1929년 12월 1일 발간한 잡지 『별건곤』 제24호에는 계절을 가리지 않고 냉면을 먹었다는 글이 실렸다. 〈김소저(金昭姐)〉라는 필명의 작가는 「사계절 명물, 평양냉면(四時名物 平壤冷麪)」이란 글에서 평양냉면의 일 년을 소개한다.[57]

먼저 봄의 평양냉면이다.

봄: 3, 4월 긴 해를 춘흥(春興)에 겨워 즐기다가 지친 다리를 대동문(大同門) 앞 더 높은 2층 집에 실어 놓고 패강(浿江) 푸른 물 따라 종일의 피로를 흘려보내며 가득 담은

---

57   김소저, 「사계절 명물, 평양냉면(四時名物 平壤冷麪)」, 『별건곤』, 제24호, 1929년 12월 1일 자.

한 그릇 냉면에 시장을 맞출 때!

다음은 여름의 평양냉면이다.

여름: 대륙적 영향으로 여름날 열도가 상당히 높은 평양에서 더위가 몹시 다툴 때 흰 벌덕 대접에 주먹 같은 얼음덩어리를 숨겨 감추고 서리서리 얽힌 냉면! 얼음에 더위를 물리치고 겨자와 산미에 권태를 떨쳐 버리네.

이어서 가을의 평양냉면을 다음과 같이 묘사했다.

가을: 능라도(綾羅島) 버들 사이로 비쳐 오는 달빛을 맞으며 흉금을 헤쳐 놓고 옛날이야기를 나눌 때 줄기줄기 긴 냉면을 물어 끊기 어려움이 그들의 우정을 말하는 듯할 때!

그리고 마지막으로 겨울의 평양냉면을 소개했다.

겨울: 조선 사람이 외국 가서 흔히 그리운 것이 김치 생각이라듯이, 평양 사람이 타향에 가 있을 때 문득문득 평

양을 그립게 하는 한 힘이 있으니 이것은 겨울의 냉면 맛이다.

여름 냉면에는 주먹 크기의 얼음과 겨자즙, 산미를 내는 식초가 필요하다고 적어 놓았다. 식초는 여름에 냉면의 국물을 잘못 먹고 자주 일어났던 식중독을 예방하기 위해 생겨난 양념 방식이다. 실제로 1938년 9월 평양에 콜레라가 퍼지면서 평양부에서는 〈평양 명물 냉면도 위험하기 짝이 없다는데 이의 음식을 일조에 금지시키기는 어려우므로 초를 많이 쳐서 먹도록 권고 중〉[58]이었다.

그렇다면 한여름에 얼음을 어떻게 구했을까?[59] 조선 시대 서울을 비롯해 고위직 관리가 머무는 고을의 으뜸 도시인 도읍에는 〈석빙고(石氷庫)〉라는 얼음 저장 시설을 갖추고 있었다. 겨울에 강에서 꽁꽁 언 얼음을 캐어 지하 석빙고에 보관했다. 지금은 동네 이름으로 알려진 서울의 동빙고(東氷庫)와 서빙고(西氷庫)는 조선 시대 왕실에서 사용하는 얼음을 저장하던 창고의 이름이다. 석빙고에 저장된 얼

---

58 「大同江의 生鮮 平壤名物의 冷麵을 注意하라고 警告」,『동아일보』, 1938년 9월 9일 자, 조간3면.
59 주영하,『식탁 위의 한국사』(서울: 휴머니스트, 2013), 128~131면.

2장 평양 음식

음은 음력 6월부터 없어진다.

1913년 4월 경부선 기차 안에서 시원한 음료를 제공하기 위해 지금의 서울 용산 제1철로 근처에 제빙 공장이 들어섰다. 한겨울에 한강에서 얼음을 캐내 그것을 녹지 않게 하는 공장이 바로 제빙 공장이다. 서울보다 훨씬 추운 평양의 대동강 근처에도 1910년대 후반에 제빙 공장이 들어섰다. 제빙 공장이 가동하자 평양 사람들은 한여름에도 얼음덩어리를 구할 수 있었다. 1925년 여름 서울에 비가 많이 와서 수해로 얼음값이 다섯 배나 오르자, 조선총독부 철도국에서는 평양을 비롯해 신의주에서 얼음을 구해 기차로 서울까지 수송해 왔다. 평양의 천연빙주식회사(天然氷株式會社)에서는 겨울에 꽁꽁 언 대동강에서 캐낸 얼음을 암모니아 가스를 사용해 녹지 않도록 잘 보관하고 있었던 것이다.[60]

그런데 1921년 일본인이 설립한 평양의 천연빙주식회사가 겨울에 대동강에서 캐낸 얼음 보관을 독점하기 시작했다. 이 회사로 인해 평양 사람들은 겨울에 대동강에서 얼음을 캐내도 제대로 보관할 수가 없었다. 천연빙주식회사는 한여름에 평양의 냉면집에서 얼음 수요가 많아지자 값을 올려 받았다. 그로 인해 4백에서 5백 곳이나 되는 평양의

60 「市內 어름갑」, 『조선일보』, 1925년 8월 6일 자, 석간 1면.

냉면집과 음식점 주인들은 문제를 제기했다.[61] 그래서 평양의 각종 음식점 조합, 요리점 조합, 주류 조합, 육류 판매 조합 등이 연합해 일본인이 운영하던 천연빙주식회사에 여러 차례 항의했지만 소용없었다. 결국 음식점 조합이 연합해 1926년 10월 스스로 얼음 저장고를 구입하고, 빙고 조합(氷庫組合)을 설립했다. 18~19세기 평양에 있던 냉면집은 10월에서 3월까지만 영업했다. 그러나 1910년대 후반부터 한여름에도 얼음을 구할 수 있자 계절을 가리지 않고 냉면을 판매했다.

평양 사람들은 냉면을 판매하는 음식점을 〈면옥(麵屋)〉이라고 불렀다. 1925년 1월 결성된 평양의 〈면옥 노동 조합〉에 참여한 냉면집 직원만 1백 명이 넘었으니, 평양에 냉면집이 엄청 많았던 것이다. 그래도 1920년대 평양 사람들은 한겨울에 먹는 냉면을 가장 맛있다고 여겼다. 앞에서 소개한 김소저는 평양의 겨울 냉면을 다음과 같이 묘사했다.

함박눈이 더벅더벅 내릴 때 방 안에는 바느질하시며 『삼국지』를 말씀하시는 어머니의 목소리만 고요히 고요

---

61 「平壤飲食店組合 大同江氷組創設」, 『조선일보』, 1927년 1월 31일 자, 석간 4면;「平壤氷庫組合」, 『조선일보』, 1927년 2월 1일 자, 석간 1면.

히 울리고 있다. 눈앞에 글자 하나가 둘 셋으로 보이고 어머니 말소리가 차차 가늘게 들려올 때 〈국수요!〉 하는 큰 목소리와 함께 방문을 열고 들여놓는 것은 타래타래 지은 냉면이다. 꽁꽁 언 김칫독을 뚫고 살얼음이 뜬 김장 김칫국에다 한 저(箸) 두 저 풀어 먹고 우르르 떨려서 온돌방 아랫목으로 가는 맛! 평양냉면의 이 맛을 못 본 사람이요! 상상이 어떻소![62]

아무리 여름에 얼음덩어리를 넣는다고 해도 냉면의 맛은 역시 겨울 냉면이었던 것이다.

식민지기 서울 출신으로 평양을 방문해 평양의 여러 모습을 소개한 〈버들쇠〉라는 필명의 저자는 서울에 있는 〈소오형(小梧兄)〉에게 편지글로 당시 평양냉면의 진면목을 자세히 서술했다.[63] 여기에서 〈버들쇠〉는 당시 『동아일보』 기자였던 유지영(柳志永, 1896~1947)으로 추정된다. 또 〈소오형〉은 당시 『동아일보』 사회부 기자였던 설의식(薛義植, 1900~1954)으로 여겨진다. 따라서 『동아일보』 기자 유지

---

62   김소저, 「사계절 명물, 평양냉면」.
63   버들쇠, 「平壤印象(9) 料理批判 平壤冷麵」, 『동아일보』, 1926년 8월 21일 자, 3면.

영이 1926년 여름 평양의 변화상을 살피러 출장을 갔고, 평양에서 체험한 일들을 서울 본사의 설의식에게 편지 형식으로 기사를 썼던 것이다.

유지영은 먼저 평양냉면의 세 가지 특징에 대해 〈첫째 국수가 좋고, 둘째 고기가 많고, 셋째 양념을 잘합니다. 게다가 분량조차 많고 값조차 싸서 더할 나위가 있겠습니까〉라고 했다. 유지영은 평양냉면의 국수가 좋은 이유로 메밀로만 만든다는 점을 꼽았다. 특히 서울의 냉면 국수는 메밀가루에 밀가루를 섞는데 평양냉면의 국수는 이와 다르다는 말이다. 이효석은 〈평양냉면을 유명한 것으로 치는 듯하나 서울냉면만큼 색깔이 희지 못합니다〉[64]라고 적었다. 밀가루를 많이 섞은 서울의 냉면과 달리, 메밀 껍질을 적당히 벗긴 평양냉면의 국수 색깔이 회색에 가까운 점을 두고 한 말이다.

유지영은 평양냉면에 고기가 많은 이유로 평양우, 곧 평양의 소고기 맛이 좋기 때문이라고 보았다. 평양냉면에는 소고기뿐만 아니라, 돼지고기와 닭고기도 넣는다고 했다. 그래서 평양냉면에 고기가 많이 들어가는 점이 서울의 냉

64　이효석, 「유경식보」, 『조선문단』, 1935년 4월; 방민호, 『모던 수필』, 46~49면 재인용.

면과 다르다는 사실을 강조했다. 또 달걀을 넣는 점도 평양냉면의 특징이라고 적었다. 그래서 서울의 냉면은 국수가 많지만, 평양냉면에는 국수보다 달걀을 포함한 고기가 더 많다고 했다. 그러면서 유지영은 〈게다가 분량은 서울 냉면의 갑절이 실히 되며 값은 단 15전입니다〉라고 하여 평양냉면의 값이 서울의 냉면에 비해 매우 싸다는 점도 놓치지 않았다. 아마도 당시 서울의 냉면 값은 15전 이상이었던 모양이다.

유지영이 꼽은 평양냉면의 세 번째 독특성은 양념을 잘 한다는 점이다. 그는 평양 사람들은 〈맛박는다〉라는 말을 사용한다면서, 국수를 조금 적게 넣고 그 대신 고기를 더 많이 넣어서 만든다는 뜻이라고 했다. 또 냉면을 〈비빈다〉라는 말도 쓴다면서, 기름과 깨소금을 많이 넣어 양념을 더 잘 한다는 뜻이라고 덧붙였다.

또 유지영은 평양냉면은 겨울이 제철이라는 점도 강조했다. 곧 〈이곳 냉면은 여름은 제철이 아니랍니다. 원래는 겨울이 제철이랍니다. 여름에는 고깃국물에다가 국수를 마는 터이나 겨울에는 동침이 국에다가 만다고 합니다〉라고 적었다. 유지영은 당시 서울 냉면의 국물은 고깃국물이라고 하지만, 맹물에 간장을 부은 것에 지나지 않아 국물 맛이 없다면서, 여름의 평양냉면 국물은 그래도 고깃국물이고, 여기에 얼음을 넣어 맛이 훌륭하다고 직접 먹어 본 소감을 밝혔다. 하지만 평양 사람들은 이 여름 냉면의 고깃국물 맛이 겨울 냉면의 국물에 비해 맛없다며 투덜댄다고 적었다. 유지영은 겨울 평양냉면이 여름에 비해 두 배나 더 팔리는 이유도 이 때문이라고 보았다.

식민지기 평양 사람들은 결혼식은 물론이고 환갑날, 생일날, 제삿날, 장례일을 가리지 않고 국수나 냉면이나 메밀국수를 담은 그릇에 따뜻한 육수를 부은 온면을 먹었다.[65] 심지어 평양 사람들은 스트레스받는 일이 생겨도 냉면을 먹고 풀었다고 한다. 평양에는 〈선주후면(先酒後麵)〉이라는 말도 있었다.

소갈비나 구어서 소주를 마신 뒤에 얼벌벌하니 고추를 쳐서 동치밋국에 말아 놓은 냉면을 먹는 맛이란 지내 보지 않은 사람으론 상상할 수도 없는 기막힌 진미다.[66]

65   김남천, 「뒷골목, 平壤雜記帖 (2)」, 『조선일보』, 1938년 5월 29일 자, 석간 5면.
66   김남천, 「뒷골목, 平壤雜記帖 (3)」, 『조선일보』, 1938년 5월 31일 자, 석간 5면.

곧 식민지기 평양 사람들은 술을 많이 마시고 나서 해장으로 냉면을 먹었던 것이다.

평양뿐만 아니라, 평안북도 마을마다 사람들은 겨울이면 메밀국수를 동치밋국에 만 국수, 곧 냉면을 밤참으로 즐겨 먹었다. 1912년 평안북도 정주에서 태어난 시인 백석(白石, 1912~1996)은 「국수」라는 시에서 자신이 경험한 동치미국수 이야기를 절묘하게 묘사했다.[67]

때는 눈이 엄청 온 한겨울이다. 〈마을에는 그 무슨 반가운 것이 오는가 보다, 한가한 애동(아동)들은 어둡도록 꿩사냥을 하고, 가난한 엄매(어머니)는 밤중에 김치가재미(김치광)로 가고, 마을을 구수한 즐거움에 사서 은근하니 흥성흥성 들뜨게 하며, 이것은 오는 것이다〉라고 읊조렸다. 그리고 부엌에서 메밀가루를 반죽한 덩어리를 국수틀에 넣고 내리는 모습을 〈산멍에(산무애뱀, 큰 구렁이(뱀)) 같은 분틀(국수틀)을 타고 오는 것이다〉라고 묘사했다. 그리고 한밤중에 먹는다고 적었다. 〈지붕에 마당에 우물 둔덩(둔덕)에 함박눈이 푹푹 쌓이는 여늬(여느) 하로밤(하룻밤), 아배(아버지) 앞에 그 어른 아들 앞에 아배 앞에는 왕사발에 아들 앞에는 새끼 사발에 그득히 사리워 오는 것이다〉라

67   고형진, 『정본 백석 시집』(파주: 문학동네, 2007), 148~149면.

고 읊었다. 곧 한밤중에 온 식구가 모여 각자 큰 사발과 작은 사발에 메밀국수 사리를 담았다.

아, 이 반가운 것은 무엇인가, 이 히수무레〔회색〕하고 부드럽고 수수하고 슴슴한〔심심한〕 것은 무엇인가, 겨울 밤 쩡하니〔진하게〕 닉은〔익은〕 동티미국〔동치밋국〕을 좋아하고 얼얼한 댕추가루〔고춧가루〕를 좋아하고 싱싱한 산꿩〔산에서 잡은 꿩〕의 고기를 좋아하고, 그리고 담배 내음새〔냄새〕 탄수〔식초〕 내음새 또 수육을 삶는 육수국 내음새 자욱한 더북한 삿방〔안방〕 쩔쩔 끓는 아르굴〔아랫목〕을 좋아하는 이것은 무엇인가, 이 조용한 마을과 이 마을의 으젓한〔의젓한〕 사람들과 살틀하니〔살갑게〕 친한 것은 무엇인가, 이 그지없이 고담(枯淡)하고 소박한 것은 무엇인가.

그것은 바로 메밀국수에 동치밋국, 그리고 꿩고기를 넣은 냉면이다.

백석은 영변의 북신현면(北薪峴面)에 있는 메밀국수 파는 국숫집 이야기를 시 「북신(北新)·서행시초(西行詩抄) 2」[68]에 적었다.

거리에는 메밀 내가 났다, 부처를 위하는 정갈한 노친네의 내음새 같은 메밀 내가 났다, 어쩐지 향산 부처님이 가까웁다는 거린데, 국수집에는 농짝 같은 도야지를 잡어 걸고 국수를 치는 도야지고기는 돗바늘 같은 털이 드믄드믄 백였다, 나는 이 털도 안 뽑은 도야지고기를 물구러미 바라보며, 또 털도 안 뽑은 고기를 시껴면 맨모밀국수에 얹어서 한입에 꿀꺽 삼키는 사람들을 바라보며, 나는 문득 가슴에 뜨끈한 것을 느끼며, 소수림왕(小獸林王)을 생각한다, 광개토대왕(廣開土大王)을 생각한다.

도야지는 돼지다. 국숫집에서 돼지를 잡아 수육을 요리한 듯하다. 그런데 문제는 잡은 돼지의 털을 뽑지 않아 먹기가 쉽지 않다는 점이다. 하지만 사람들은 껍질을 벗기지 않고 만든 메밀국수에 돼지고기 수육을 한 점 올려 맛있게 먹고 있다. 그 모습에서 백석은 고구려의 기상을 생각했다.

오늘날 북한의 평양냉면은 여전히 최고의 음식으로 꼽힌다. 오늘날 평양에는 칠성각, 청류관, 청춘관, 오천석, 선교각, 안산각, 모란식당, 옥류관 등 유명한 평양냉면 음식점이 있다.[69] 이 중 칠성각은 식민지기 칠성문(七星門) 바깥

<hr />

68   앞의 책, 126면.

칠성문 거리에 자리하고 있었다고 전해진다. 당시 이 칠성문 거리에는 평양냉면 음식점이 많았다고 알려져 있다. 남한에 널리 알려진 평양의 옥류관은 북한 정부가 1960년 8월 13일 평양의 대동강 기슭 옥류교 근처에 설립한 대형 조선 음식점이다.[70] 옥류관은 기와를 올린 2층 철근콘크리트 건물로, 연건축 면적은 약 5천 8백 제곱미터이며, 수용 능력은 약 1천 석에 이른다. 옥류관에서는 평양냉면, 대동강숭어국밥, 녹두지짐, 온반 등의 〈민족음식〉을 판매하고 있다.

북한에서 발간된 책에서는 〈평양냉면〉을 〈평양랭면〉이라고 표기한다. 또 메밀가루로만 만든 면을 쓰기에 〈평양순면〉이라고도 부른다.[71] 평양냉면의 국수는 메밀의 겉껍질을 벗기고 부드럽게 가루 내어 반죽한 다음 국수틀에 눌러 면을 뽑아서 만든다. 특히 평양냉면은 육수로 동치밋국이나 소고기 국물을 쓴다. 동치미는 초겨울에 담그는 무김치로, 무를 마늘·생강·파·배·밤·준치젓·실고추 등으로 양념해 독에 넣은 뒤 물을 많이 붓고 잘 봉해 익혀 만든다.[72] 양

69   이애란, 『북한식객』, 112~114면.

70   조선과학백과사전출판사·한국평화문제연구소, 『조선향토대백과사전 1·평양시』(서울: 평화문제연구소, 2003), 404면.

71   지명희·김익천, 『우리 민족료리』(평양: 근로단체출판사, 2008), 23면.

72   조선과학백과사전출판사·한국평화문제연구소, 『조선향토대백과사

옥류관에서 민족음식으로 판매하는 녹두지짐. 출처: 평화문제연구소.

넘과 무에서 나오는 국물은 시원하고 감칠맛이 난다. 소고기 국물은 소뼈·힘줄·허파·기레(비장)·콩팥·천엽 등을 푹 고아서 기름과 거품 같은 부유물을 건져 낸 다음 소금과 간장으로 간을 맞추고 다시 뚜껑을 열어 놓은 채 더 끓여 간장 냄새를 없애고 서늘한 곳에서 식혀 만든다.[73]

평양냉면을 담는 그릇은 동치미나 소고기 국물 맛에 잘 어울리게 시원한 느낌의 놋대접을 쓴다. 놋대접에 먼저 국물을 조금 붓고 국수를 사려서 소복이 담은 다음 그 위에 김

전18·민속』, 67면.
73   위의 책, 67면.

2장 평양 음식

남한에도 널리 알려진 평양의 옥류관 전경. 출처: 북한자료포털.

치·고기·양념장·달걀·배·오이 등의 순서로 꾸미를 얹고,
고명으로 실파와 실고추를 얹은 뒤 다시 국물을 붓는다.

1960년대 평양냉면은 간이 강하지 않아 맹물에 국수를 말았다고 할 정도였다. 꾸미나 고명도 매우 간단했다. 그러나 1980년대 이후 베이징과 선양을 비롯해 세계 각지에 옥류관 해외 지점을 내면서 평양냉면의 꾸미가 약간 더 화려해지고 간도 조금 강해졌다.

4
평양어복장국

앞에서 소개한 『동아일보』의 「평양인상」을 쓴 유지영은 평양의 〈어복장국〉도 당시 조선에서 이름난 음식, 곧 〈명물(名物)〉이라고 소개했다.[74] 〈어복장국〉은 〈어복쟁반〉[75] 혹은 〈어북쟁반〉[76] 등으로도 불린다. 유지영은 어복장국의 〈어복〉을 한자로는 〈생선 어(魚)〉와 〈배 복(腹)〉을 합쳐 〈魚腹〉과 같이 쓴다면서, 그 뜻을 두고 여러 가지 주장이 있다고 했다. 유지영은 평양의 여러 사람 이야기를 듣고 본인이 생각한 이름의 유래를 다음과 같이 적었다.

74   버들쇠, 「平壤印象 (10) 朝鮮名物魚腹장국」.

75   홍성숙, 「別味珍味 (25) 平壤 어복쟁반」, 『조선일보』, 1973년 8월 24일
자, 5면; 金正淵, 「韓國의 맛土俗食 (3) 平安道 노티·어복쟁반」, 『경향신문』,
1978년 4월 19일 자, 5면.

76   조선과학백과사전출판사·한국평화문제연구소, 『조선향토대백과사
전 18·민속』, 69면.

소고기로 만드는 평양의 명물 요리인 어복쟁반. 출처: 평화문제연구소.

모든 사람의 내력에 대한 이야기를 종합해 들으면 어느 때부터 음식이 생긴 것은 자세히 모르겠으나 당초에는 소고기로 만들지 아니하고 물고기 내장들을 가지고 만들었던 것이라 〈어복〉이라고 한 것인 듯한데, 그 후에는 소의 내장에다가 골수를 섞어 가지고 만들었던 모양이며, 다음에는 소고기에다가 소의 골수를 섞어 넣어서 만들어 마침내 지금의 어복장국이 되고 말은 모양입니다.

유지영의 주장은 물고기의 내장으로 만들어 〈어복〉이란

이름이 생겼다는 것이다. 하지만 평양 출신인 홍성숙은 소의 배고기살을 〈어복〉이라고 부른 데서 〈어복〉이란 이름이 연유한다고 보았다.[77] 북한에서 발행된 『조선향토대백과사전 18·민속』에서는 평양의 특색 있는 음식으로 〈어북쟁반〉을 꼽았다. 어복이 아니라 어북이다. 이 책에서는 〈어북쟁반〉이라는 이름은 이 요리의 주재료가 암소의 어북살이라는 데서 붙은 것이다〉[78]라고 했다. 북한 이탈 주민이면서 북한 전통음식연구원장인 이애란은 〈어북쟁반〉의 어북은 암소의 배받이살을 가리키는 말에서 유래한다고 보았다.[79] 하지만 어복쟁반의 〈어복〉이란 말이 어디에서 왔는지는 명확하지 않다. 다만, 어복장국에 사용하는 소고기 부위에 관해서는 자세히 살필 필요가 있다.

유지영은 평양에 체류했던 1926년 여름 어복장국에 들어가는 소고기는 암소의 연한 〈가슴팍이살〉로 만든다고 적었다. 이 가슴팍이살은 서울 사람들이 편육을 만들 때 사용하는 〈업주인〉 부위라고 했다. 〈업주인〉은 다른 말로 〈업진

77   홍성숙, 「別味珍味 (25) 平壤 어복쟁반」, 『조선일보』, 1973년 8월 24일자, 5면.

78   조선과학백과사전출판사·한국평화문제연구소, 앞의 책, 69면.

79   이애란, 「북한맛지도 13, 평양별미 순안불고기와 어북쟁반」, 『통일한국』, 2013년 8월, 65면.

살)이라고 부른다. 〈업진살〉은 소의 복부 중앙 아랫부분인 제7갈비뼈에서 제13갈비뼈 하단부까지 연골 부위를 덮고 있는 근육에서 차돌박이 부위를 제외하고 갈비와 분리한 살코기다.[80] 업진살은 다른 말로 〈우삼겹〉, 곧 소의 삼겹살이라고도 부른다. 이애란이 말한 〈어복〉의 배받이살은 소의 첫째 요추 뼈에서 마지막 요추 뼈까지 이르는 부위로 치마양지, 복부양지, 뒷양지 등으로 불리기도 한다. 치마양지로는 업진살 부위와 비슷한 소의 복부이지만, 구체적인 부위는 약간 다르다. 따라서 식민지기 평양어복장국의 주재료는 〈업진살〉로 보는 것이 타당하며, 〈어복〉의 어원은 암소의 뱃살에서 왔을 가능성이 더 커 보인다.

유지영은 당시 어복장국에는 소의 골수(骨髓)가 들어갔다고 했다. 곧 〈잘 만드는 어복에는 지금도 골수를 넣는다 하나 대개는 값이 비싸고 구하기가 어려운 까닭으로 골수는 넣지 않고 《업주인》 고기로만 만든다고 합니다〉라고 적었다. 그러면서 〈서울서 편육 만드는 기름진 고기를 편육같이 납작납작하게 썰어 서울의 소위 곰국 건더기 양념하듯이 갖은양념을 하여 그 고기를 삶아 낸 국에 넣어 놓았으니 과연 얼마나 맛이 있겠습니까〉라고 만드는 방법을 간단하

---

80   주선택,『고기수첩』(서울: 우듬지, 2012), 60~61면.

게 적어 놓았다. 북한에서 나온 『조선향토대백과사전 18·민속』에서는 〈암소의 어북살이나 연한 살코기를 깨끗이 씻어 알맞춤하게 삶은 다음 얇은 편으로 썰어서 간장, 고춧가루, 마늘, 참기름으로 만든 양념을 쟁반에 놓은 것이다〉[81]라고 적었다.

식민지기 어복장국은 〈어복쟁반〉 혹은 〈어북쟁반〉으로 불렸는데, 여기서 쟁반은 이 음식을 담는 그릇에서 유래한 것이다. 유지영은 어복장국을 담는 그릇에 관해 다음과 같은 설명을 덧붙였다.

더욱이 그 담는 그릇이 흥치 있게 되어 한층 맛이 있습니다. 그릇은 요사이는 서울 유기전에서 가끔 보겠습니다마는 역시 평안도에 특유한 것입니다. 쉽게 말하자면 굽 달린 놋쟁반〔鍮製掌盤-錚盤〕입니다. 서울서 그릇 받침에 쓰는 쟁반에다가 술 소반만큼 굽을 단 것인데 그 쟁반의 크기가 세숫대야 둘레만 합니다. 그러한 넓적한 쟁반에다가 앞에 말한 장국을 담아서 소반 위에 올려놓고 그 쟁반 가운데다가 큼직한 보시기에 초장을 만들어 들

---

81   조선과학백과사전출판사·한국평화문제연구소, 『조선향토대백과사전 18·민속』, 69면.

여놓습니다.

유지영은 쟁반 한가운데에 간장과 식초를 섞은 초장을 움푹한 보시기에 담아 놓는다고 했다. 하지만 북한에서 최근에 나온 책의 어북쟁반 사진에는 초장을 담은 보시기가 가운데 놓여 있지 않다. 1973년 홍성숙은 자신이 평양에 있을 때〈두꺼운 놋 쟁반에 앞에 말한 국물을 넣고 파, 마늘, 다홍(빨강) 고추, 후춧가루를 기호대로 넣은 후 어복살을 넣어 또 끓여 먹게 된다〉라고 했다.[82]

2008년 북한에서 출판된『우리 민족료리』에서는 어북쟁반을〈어북편육〉이라고 적었다.[83] 요리법은 다음과 같다. ① 소배살인 소어북살을 끓는 물에 한 번 데친 뒤에 다시 끓는 물에 넣어 삶는다. ② 민문하게 익으면 파, 마늘, 생강즙, 깨소금, 후춧가루를 치고 말아서 모양을 잡아 식힌다. ③ 소어북살이 식으면 편으로 썰어 쟁반에 담고 양념간장과 같이 낸다. 이 요리법 역시 어복쟁반 한가운데 초장 담긴 보시기를 놓지 않았다.

82　홍성숙(도움말), 「別味珍味(25) 平壤 어복쟁반」,『조선일보』, 1973년 8월 24일 자, 5면.
83　지명희 · 김익천,『우리 민족료리』, 192면.

다시 유지영이 1926년에 평양의 어복쟁반집에서 주문해 먹는 과정을 살펴보자.

첫째 국숫집에 딱 들어가면서 〈쟁반 하나 만들어 주소〉 하면 주인의 대답이 〈그럽시다〉 합니다. 자리를 정하고 앉아서 조금 기다리면 큰 쟁반에 어복장국을 담아다 놓습니다. 우선, 팔뚝들을 걷어붙이고 소주들을 따라서 권하거나 작(酌, 따르다)하거나 마셔 가면서 고기를 집어 먹다가 쟁반의 한 귀를 들어서 국물을 좀 마시라고 돌려 가면서 권합니다. 그리하여 한 바퀴 돌아가면서 국물을 마시고 나서 또다시 고기를 집어 먹고 또다시 국물을 마시고 하여 그 고기가 거의 없어지도록 술을 마시다가 국수를 가져오라고 합니다.

곧 남은 어복장국의 국물에 냉면 사리를 넣어 먹었던 것이다. 또한 유지영은 식민지기 평양의 어복장국집에서 손님들이 국수 먹는 모습을 생생하게 묘사했다.

국수는 서울 냉면 국수 분량만큼씩 사리를 지어서 앉은 사람의 수효대로 무더기무더기 쏟아 놓습니다. 이제부터는 국수를 먹게 됩니다. 그중에 술을 더 먹겠는 사람은 국수는 놓아두고 술을 더 먹습니다마는 대개는 이제는 술은 더 먹을 수 없다고 합의가 되어서 국수를 갖다 놓은 것입니다. 술 먹는 사람은 없이 됩니다. 고기가 적은 때에는 어복고기를 더 썰어 오라든지 그렇지 않으면 〈산적〉을 가져오래서 그 국에다 더 띄워 가지고 먹으며 국수가 한 사리로 부족한 때에는 〈넘싸레요〉 하고 소리를 칩니다. 〈넘싸레〉라는 말은 이곳의 독특한 말로 서울말로 번역하면 〈한 사리 더 주〉 하는 의미의 말인데, 의미는 그러하나 〈한 사리 더 주〉 하면 말의 묘미를 결하게 됩니다.

당시 평양말 중에 사리 추가라는 말이 〈넘싸레〉였음을 이 글을 통해 확인할 수 있다.

유지영은 본래 평양어복장국은 전날 술을 많이 마신 사람들이 해장하려고 먹던 음식이라고 했다. 그래서 평양어복장국은 본래 아침 일찍 가야 먹을 수 있었다. 그런데 1920년대 이후 해장국이면서 동시에 아무 때나 먹을 수 있는 술안주로 변형되었다. 유지영은 〈값은 쟁반 하나에 일원(一圓)씩인데 네 사람씩은 충분히 먹을 수가 있습니다. 그리고 이것을 아침에 먹으면 온종일 밥 생각이 없어집니다.

그만치 기름진 것입니다〉라고 했다.

1978년 4월 한국 정부는 전국의 유명한 음식을 무형 문화재로 지정할 계획을 세웠다. 이때 평안도의 평양냉면과 온면이 목록에 들어갔다. 그런데 당시 무형 문화재 목록에서는 이 온면을 어복쟁반이라고 보았다. 아마도 어복장국의 소고기를 다 먹고 나서 메밀국수를 넣어 먹었기 때문으로 여겨진다.[84] 하지만 북한의 경제 사정이 좋지 않게 된 1980년대 이후 소는 노동력이었으므로 소고기 요리가 매우 귀했다. 이런 과정에서 어복쟁반은 고기를 조금만 넣고 메밀국수를 말아서 먹는 온면으로 변해 갔다.

84 「全州비빔밥·平壤냉면 無形文化財 지정」, 『경향신문』, 1978년 4월 12일 자, 1면.

5
평양어죽, 맹물, 안주상, 평양온반

유지영은 이어서 평양 대동강의 어죽과 〈맹물〉이라고 불린
평양식 설렁탕, 그리고 안주상을 소개했다.[85] 평양어죽은
대동강 물놀이를 할 때 어부들이 잡은 물고기를 끓이면서
쌀을 넣고 만든 음식이다. 대동강 물놀이는 강 가운데 있는
반월도(半月島)와 능라도(綾羅島)로 뱃놀이하는 것을 가리
킨다. 생선을 잡지 못하면 닭고기에 쌀을 넣어 끓인 계죽(鷄
粥)을 평양어죽이라고 부르기도 했다. 〈어죽〉은 생선의 살
코기를 곡물과 함께 오랫동안 끓여서 만든 음식이다. 하지
만 평양어죽에는 물고기가 들어가지 않고 닭고기가 들어갔
다.[86]

85   버들쇠, 「平壤印象 (11) 魚粥과 案酒床」, 『동아일보』, 1926년 8월 24일
자, 3면.
86   이애란, 『북한식객』, 249~250면.

닭고기에 쌀을 넣어 끓인 평양어죽. 출처: 평화문제연구소.

유지영은 당시 기자림(箕子林)에 닭죽을 판매하는 음식점이 있다고 적었다. 닭죽 요리법은 대략 다음과 같다.

닭고기 삶은 국에 쌀을 넣고 닭고기를 뼈째 모조리 발라서 뜯어 넣은 후 외(瓜, 오이), 풋고추와 파, 마늘 등속의 고명을 넣어 죽을 끓인 것이니 그 맛이 실로 둘이 먹다 하나가 죽어도 모르고 먹을 만합니다.[87]

그 맛이 매우 좋다는 말을 이렇게 덧붙였다.

유지영은 서울의 설렁탕과 비슷한 〈맹물〉이란 이름의 소고깃국이 평양에서 유명하다고 했다. 평양의 맹물은 서울 설렁탕과 달리 혹살(소의 볼기 복판에 혹처럼 붙은 살), 혓바닥, 우랑(牛囊, 소의 불알), 우신(牛腎, 소의 자지) 등을 비롯해 소고기의 맛있고 연한 부위만 골라 넣고 끓이는 것이다. 그래서 유지영은 평양의 맹물이 〈서울 설렁탕같이 기름지지는 못할망정 깨끗하고 맛있습니다. 설렁탕같이 쇠털 냄새는 조금도 아니 납니다〉라고 칭송했다. 이에 비해 이효석은 〈육수 그릇을 대하면 그 멀겋고 멋없는 꼴에 처음에는 구역이 납니다. 익숙해지면 차차 나아지는 가나 설렁탕이 이

---

87 버들쇠, 앞의 글.

　　　　　　　　　　　　　　　2장 평양 음식

보다 윗길일 것은 사실입니다)[88]라고 하여 유지영의 평가와 완전히 반대 의견을 썼다. 이효석은 서울 설렁탕 맛을 더 좋아했던 모양이다.

당시 평양 사람들은 국물이 마치 맹물처럼 깨끗하다고 하여 이 음식의 이름을 〈맹물〉이라고 불렀다. 평양냉면의 육수가 맹물로 불렸다는 주장도 있다.[89] 값도 서울 설렁탕보다 싸서 한 그릇이 10전에 지나지 않는다고 했다. 유지영은 평양 사람들이 맹물에 밥이나 밀국수를 넣어 준다고도 적었다. 식민지기 서울의 설렁탕에도 밀국수를 넣어 주는 음식점이 있었는데, 평양의 맹물에서 영향받았을 가능성도 있어 보인다. 맹물은 식민지기 평양의 소가 전국에서 유명해져 생겨난 음식으로 여겨진다.

유지영은 평양의 안주상(案酒床)도 유명하다고 했다. 〈서울 내외주점(內外酒店)에서 차려 내는 술 소반의 세 배나 되는 상에다가 소고기, 닭고기, 돼지고기, 생선 등 고기붙이로는 없는 고기가 없〉다고 적었다. 또 온갖 채소로 만든 요리도 한 상 가득하다고 했다. 평양의 안주상도 값은 싸서, 맥주병에 넣은 소주 한 병을 포함해 1원이고, 여기에 50전

---

88 이효석, 앞의 글.
89 이애란, 『북한식객』, 114면.

어치 소주 한 병을 보태면 술 좋아하는 사람에게는 매우 좋은 안주상이라고 적었다.

식민지기 평양에서 유명한 음식 중 하나는 평양온반(平壤溫飯)이다. 당시 평양에는 아예 〈평양온반옥(平壤溫飯屋)〉이라는 상호의 음식점이 있을 정도였다.[90] 평양온반은 이름 그대로 따뜻한 밥이라는 뜻이다. 흰쌀밥이 주재료다. 닭고기를 삶아 맑은 국물을 별도로 두고, 살코기를 굵직굵직하게 찢어 양념장에 무쳐 놓는다. 껍질을 벗긴 녹두를 갈아 지짐도 해둔다. 또 느타리버섯을 길이로 찢어 갖은양념에 무친 뒤 볶아 버섯 고명을 준비하기도 한다. 그런 다음 큰 그릇에 먼저 더운 흰쌀밥을 한 그릇쯤 담고 그 위에 녹두지짐과 버섯볶음, 닭고기 무친 것을 차례로 올린다. 여기에 간장과 소금으로 간을 한 뒤 파를 썰어 넣어 다시 끓인 맑은 닭 국물을 한 그릇 가득 담는다. 나박김치와 함께 온반을 상에 올린다. 2000년 6월 14일 김대중 대통령이 평양에 갔을 때 점심으로 먹은 평양온반은 그 후 남한에서 큰 관심을 끌었다.

90 「爆竹聲과 萬歲裡에 威儀堂堂入城」,『조선일보』, 1928년 1월 14일 자, 5면.

6
평양소주

식민지기 평양은 증류주 소주의 명산지였다. 전국의 소
주 공장 중 가장 많은 양을 생산하는 대평양조주식회사
(大平醸造株式會社, 평양부 橋口町)에서 일 년에 소주 2만
4,244석을 생산했다.[91] 이 외에도 식민지기 평양부에만
9곳의 소주 공장이 있었는데, 대부분 조선인이 운영했다.
일본인이 운영한 청주 공장은 일 년에 1만 2천 석을 생산한
제등주조합명회사(齊藤酒造合名會社, 평양부 黃金町)가
있었다. 일본인 거주자도 적지 않아 청주 공장도 중요했던
것이다.

식민지기 서울 중상류층 사람들은 약주를, 서울 이북 사
람들은 소주를, 그리고 서울 이남 사람들은 탁주를 주로 마

---

91   배상면, 『조선주조사』(서울: 규장각, 1997), 441면.

셨다.[92] 이광수(李光洙, 1892~1950)는 「남유잡감(南遊雜感)」이란 글에서 이러한 정황을 상세하게 밝혔다.

충청도 이남으로 가면 술에는 막걸리가 많고 소주가 적으며 국수라 하면 밀국수를 의미하고 서북에서 보는 메밀국수는 전무하다. 서북지방에는 술이라면 소주요, 국수라면 메밀국수인 것과 비겨 보면 미상불(未嘗不) 재미있는 일이다. (중략) 서북지방에 가면 아직도 맥주나 일본 청주는 그다지 보급이 되지 못하였다. 소주는 압록강을 건너오기 때문에 서북지방에 먼저 퍼치고 맥주는 황해를 건너오기 때문에 영호남지방(嶺湖南地方)에 먼저 퍼진 것이다.[93]

이런 탓에 식민지기 남쪽 지방 노동자가 북쪽에 가서 일할 때 막걸리가 없어 불편을 겪기도 했다. 『조선일보』 1939년 8월 4일 자 석간 3면에는 평양 지사에서 올린 「노동

---

92   주영하, 『식탁 위의 한국사』, 322~325면.
93   이광수, 「名文의 香味, 南遊雜感」, 『삼천리』 제6호, 1930년 5월 1일 자, 65면. 이 글은 본래 잡지 『청춘』 제14호(1918년 6월)에 실린 글로, 작성자 때는 글의 말미에 정사(丁巳) 9월이라 한 것으로 보아, 1917년이다.

자정착묘안(勞動者定着妙案)」이란 기사가 실렸다.[94] 이 기사는 8월 1일 열린 평남도 정보위원회 내무부장 노세타니 간리(野世溪閑了)가 한 말이다. 대강의 내용은 남조선, 곧 지금의 남한 노동자들이 평양을 비롯한 평안도로 와서 노동하지 않는 이유가 탁주를 못 먹는 데 있다는 것이다. 실제로 평양에는 탁주를 제조하는 술 공장이 없었다. 그만큼 평양 사람들은 술 하면 증류주 소주만 인정했던 것이다.

백석의 시 중 「구장로(球場路)·서행시초(西行詩抄) 1」[95]는 평안북도 영변군(寧邊郡)에 가면서 적은 것이다. 이 시에 다음과 같은 내용이 나온다.

이젠 배도 출출히 고팠는데, 어서 그 옹기 장사가 온다는 거리에 들어가면, 무엇보다도 몬저〔먼저〕〈주류판매업(酒類販賣業)〉이라고 써 붙인 집으로 들어가자, 그 뜨수한〔따뜻한〕 구들에서, 따끈한 삼십오도(三十五度) 소주(燒酒)나 한 잔 마시고, 그리고 그 시래기국에 소피를 넣고 두부를 두고 끓인 구수한 술국을 뜨근히 멫〔몇〕 사발이고 왕사발로 멫〔몇〕 사발이나 먹자.

94 「勞働者定着妙案」, 『조선일보』, 1939년 8월 4일 자, 석간 3면.
95 고형진, 『정본 백석 시집』, 124면.

식민지기 평안도 사람들은 소주를 주로 마셨다. 〈주류판매업〉이란 간판을 써 붙인 집은 주막이었다. 여기에서 알코올 도수 35도의 소주를 한 잔 마셨다. 보통 청주를 증류하면 알코올 도수 40도 이상이 되는데, 여기에 물을 붓고 숙성시키면 35도의 소주가 완성된다. 백석이 먹은 술국은 된장을 풀고 시래기를 넣고 끓인 국에 소의 피, 곧 선지와 두부를 넣어 끓인 것이다. 일명 〈선짓국〉이다.

『동아일보』1931년 10월 1일 자 5면에 실린 선짓국 요리법은 다음과 같다. 먼저 선짓국의 이름을 한자로 〈우혈탕(牛血湯)〉이라고 적었다.

선지는 토장국에 흔히 먹으나 젓국에 끓이는 것이 좋습니다. 처음에 고기와 곱창을 넣고 파와 후춧가루를 치고 새것을 익혀 한데 넣고 겹창이 두르도록 끓인 후에 두부를 번듯번듯하게 썰어 넣고 선지를 채반에 건져 피 빠진 것을 한 덩이씩 들고 착착 넣습니다.[96]

아마도 백석이 영변 가는 길에 주막에서 먹었던 술국도 이와 같은 방법으로 요리했을 것이다. 평안북도는 〈평양

96 「선지국(牛血湯)」,『동아일보』, 1931년 10월 1일 자, 5면.

87   **2장 평양 음식**

우)로 유명하고 소고기 품질도 좋았으니, 선지를 구하기가 쉬웠다. 그래서 겨울이면 평안도 소줏집에서는 선짓국을 술국으로 많이 팔았던 모양이다.

7
평안도의 김장법

『동아일보』 1935년 11월 14일 자 석간 4면에는 「평안도의 김장법」이란 기사가 실렸다.[97] 이 기사를 쓴 기자는 평양 출신 강세영과 면담을 했다. 따라서 강세영이 서울에서 생활하면서 자기 고향 김장법을 소개했다고 보아야 한다.

강세영은 서울의 김장김치, 곧 배추김치가 여러 가지 양념을 많이 넣고, 양념의 소에 배를 얇게 썬 배채를 넣어 조금 텁텁하다고 평가했다. 이에 비해 평안도 배추김치는 양념소를 많이 넣지 않고, 싱거운 국물을 넣는다고 했다. 그래서 평양사람들은 겨울에 먹으면 속이 시원해 이 맛을 〈쨍하다〉라고 말한다는 것이다.

강세영은 평안도 배추김치가 서울 배추김치에 비해 싱거운 이유는 날씨가 추워 싱겁게 담가도 맛이 변하지 않기 때

97 「평안도의 김장법」,『동아일보』, 1935년 11월 14일 자, 석간 4면.

문이라고 밝혔다. 하지만 만약 서울과 그 이남 지방에서 김장용 배추김치를 싱겁게 담그면 상대적으로 날씨가 따뜻해 김칫소가 쉽게 부패할 것이라고 보았다.

강세영은 그렇다고 평안도 배추김치에 양념이 거의 들어가지 않는 것은 아니라고 했다. 곧 평안도의 배추김치에도 파·마늘·생강·생굴·고춧가루가 들어간다. 다만, 서울 사람들은 배추김치에 반드시 미나리를 넣지만 평안도에서는 날씨 때문에 미나리를 구할 수 없어 넣지 않는다고 했다. 강세영은 미나리가 들어가지 않은 평안도 김장김치도 나름 맛있다고 밝혔다. 평안도 배추김치에는 조기젓을 넣는데, 그 양도 적고, 오직 젓국만 쓴다고 했다. 하지만 조기 젓국을 소량 넣고 소금을 넣어 배추김치의 국물이 맑고 깨끗하다고 적었다. 또 형편이 되면 고기를 사다가 삶아 기름을 제거하고 조기 젓국과 소금을 쳐서 김장김치에 넣기도 한다고 했다. 그래서 평안도의 배추김치는 다른 지방의 배추김치에 비해 국물이 넉넉한 편이라고 적었다.

평양동치미는 겨울의 평양냉면에 반드시 붓는 육수라는 점도 강조했다. 특히 한겨울 아랫목에서 이불을 덮어쓰고 앉아 덜덜 떨면서 동치밋국 냉면을 먹는 맛은 다른 데서 맛볼 수 없다고 적었다. 그렇지만 평양동치미를 담그는 특별

한 비법이 있지는 않다고 했다. 그보다는 평양의 물이 좋고, 평양의 무도 다른 지방과 달리 맛이 좋기 때문이라고 보았다. 강세영은 그 이유를 날씨가 추워서 한번 익은 맛이 변하지 않고 그대로 보존되어 처음부터 지녔던 동치미 맛이 변하지 않기 때문이라고 추정했다.

평양동치미 담그는 법은 서울과 큰 차이가 없다면서 간단한 요리법을 적었다. 연하고 잘록한 무를 골라 대가리를 자르되 꼬랑지를 자르지 않는다. 씻어서 독에다가 30여 개씩 넣고 소금을 두 대접가량씩 뿌리면서 가득 차면 독의 뚜껑을 덮는다. 이틀 후에 물을 붓고 저어 가면서 싱겁게 간을 맞춘다. 양념은 씨를 뺀 붉은 고추를 잘라서 넣고, 마늘을 큼직하게 썰어 그대로 넣거나 잘게 썰어 베 보자기에 싸서 넣는다. 파는 뿌리째 넣었다가 익으려 할 때 건져 낸다. 동치미는 무가 많아야 더 맛있다. 국물을 다 먹고 남은 무는 채쳐서 무쳐 먹어도 좋고, 찌개에 넣어 먹어도 좋다.

3장

언어와 미의식

1
함흥 개요

함흥은 조선 왕조를 개국한 태조 이성계의 본궁이 있던 곳이다. 이에 비해 흥남은 식민지기 서호진(西湖津)이라는 작은 어촌에서 1927년 조선질소비료주식회사의 공장이 들어서고, 흥남비료공장이 조업을 개시하면서 화학 공업 도시로 변한 곳이다.[98] 1930년대 이후 흥남에는 유지 공장, 마그네슘 공장, 비누 공장 등이 들어섰다. 그리고 흥남과 함흥 사이로 공업 지대가 점차 확장되어 대두 화학 공장, 카본 공장, 마그네슘 공장 등이 증설되었다.[99] 식민지기 함흥과 흥남은 각각 독립된 행정 단위였다. 함흥은 내륙에 있어 근대 도시로 확장하기 어려웠지만, 흥남은 공업 도시로 성장해

---

98 위영금, 「북한도시, 함흥의 형성과 발전에 관한 연구」(박사 논문, 경기대학교, 2018), 1.

99 위의 글, 103~106면.

1943년에 흥남의 인구가 함흥의 인구를 넘어섰다. 흥남에 거주하는 일본인 수도 증가해 흥남비료공장에 근무하는 직공 중 일본인이 전체의 55퍼센트를 넘어섰다. 이 지역 사람들은 함흥과 흥남을 같은 공간으로 인식했다. 이후 북한 정부는 1949년 행정 구역을 개편하면서 함주군 흥남읍을 흥남시로 승격시켰다. 다음에서는 식민지기 함흥을 중심으로 함경도 지역에서 유행했던 농마국수, 명태를 이용한 음식, 가자미식혜, 원산의 소면(素麵) 등에 대해 살펴본다.

2
함흥 농마국수

북한의 함경도, 즉 양강도·함경남도·함경북도 사람들은
감자를 주식처럼 먹었다. 감자는 페루와 칠레 등 안데스산
맥이 원산지다. 16세기 이후 구대륙으로 전해진 감자가 한
반도에 들어온 경로는 크게 두 가지다. 하나는 1832년 영
국의 상선 로드 암허스트호가 전라도 해안에서 약 1개월간
머물렀는데, 이 배에 타고 있던 네덜란드 선교사 귀즐라프
Charles Gutzlaff(1803~1851)가 책과 약, 종자를 주었다.[100]
그러나 감자는 전라도에서 널리 퍼지지 않았다.

또 다른 유입 경로는 함경도다. 감자는 1824년 중국과의
동쪽 국경에 있는 두만강을 통해 함경도에 들어왔다. 당시
조선의 인삼을 캐려고 두만강을 건너 숨어 들어온 중국인

---

100   Allen, Horace N., *Korea: fact and fancy*, (Seoul: Methodist
Publishing House, 1904), p. 151.

들이 산속에서 감자를 경작해 먹었고, 그것이 주변의 조선인에게 전해졌다. 이후 지금의 함경도와 강원도 일대 산촌 사람들이 감자를 많이 재배했다. 산촌까지 행정력이 미치지 않아 감자는 행정 부서의 세금 부과 대상이 되지 않았고, 그로 인해 함경도에서 급속하게 퍼졌다.[101]

감자의 한자 이름은 본래 〈마령서(馬鈴薯)〉다. 마령서는 크기와 생김새가 말이나 나귀의 목에 단 방울을 닮아서 생긴 이름이다. 그런데 함경도와 강원도 사람들은 감자가 두만강을 건너 전해지자 이것을 고구마라고 여겨 감저 혹은 감자라고 불렀다. 고구마의 한자 이름은 감저(甘藷)를 비롯해 여러 가지가 있지만, 조선의 지식인 대부분은 책에 〈감저〉라 적고 말할 때는 감자라고 불렀다. 포테이토가 감저 혹은 감자로 불리자, 본래의 고구마 이름 대신에 쓰시마 말인 〈고귀위마(古貴爲麻)〉[102]를 모방해 〈고구마〉라고 불렀다. 결국 스위트포테이토는 본래 이름인 감자를 포테이토에 빼앗기고 고구마가 되고 말았다.

식민지기 백두산을 탐방한 기행문에는 함경도 사람들이

101   Joo, Young-ha, *KOREAN CUISINE: The History of Exchange and Hybridization*, by Aeri Shin (Seongnam:AKS Press, 2020), pp. 59~60.

102   趙曦, 『海槎日記』五, 六月 十八日: 名曰甘藷, 或謂孝子麻, 倭音古貴爲麻.

귀리쌀과 함께 감자를 국수틀에 넣고 눌러서 뽑은 감자국
수를 많이 먹는다고 했다.[103] 함경북도 혜산의 화전민촌에
서는 감자의 감분(甘粉)을 다 빼낸 찌꺼기를 볕에 말려 방아
에 찧어서 떡을 만들어 먹었다.[104] 특히 지금의 양강도 감자
는 크고 단단해 맛이 좋다고 알려져 있었다. 감자를 이용한
함경도의 대표적인 음식은 〈감자국수〉다.[105] 함경도 사람들
은 감자국수를 다른 말로 〈농마국수〉라고 부른다.

〈농마〉는 녹말(綠末)의 함경도 말이다. 함경도 사람들
은 〈농말〉이라고도 한다. 한자 녹말은 녹두의 가루라는 뜻
이다. 이후 곡물의 전분을 통틀어 녹말이라고 불렀다. 함경
도 사람들은 녹말을 발음하기 쉽게 〈농마〉라고 불렀다. 농
마는 탄수화물의 하나로 전분(澱粉)이라고도 부른다. 먼저
수확한 감자를 깨끗하게 잘 씻은[106] 다음 항아리에 차곡차곡
쟁여 넣고 물을 약간 붓는다. 뚜껑을 단단하게 봉해서 약 석

103   최남선, 「白頭山近參 (二十)」, 『동아일보』, 1926년 8월 23일 자, 11면;
「長白의 平和村 景陽浦踏査記 (下)」, 『동아일보』, 1933년 11월 3일 자, 조간
5면.

104   「十萬窮民SOS」, 『동아일보』, 1936년 3월 15일 자, 조간3면.

105   梁泉, 「甲山火田 農村探訪記 (二)」, 『동아일보』, 1931년 3월 4일 자,
5면.

106   〈옛 방식으로 감자녹말 만들기〉(http://blog.daum.net/momo530214/
13701659).

달간 둔다. 그러면 감자가 항아리 안에서 썩기 시작한다. 감자 썩는 냄새는 매우 지독하다. 푹 썩은 감자와 물을 바가지로 퍼내 소쿠리에 붓는다. 감자는 얇은 껍데기만 남고 나머지는 썩어서 물처럼 되어 있다. 이 물을 고운 체에 밭쳐 여러 차례 걸러 낸 다음 함지박에 붓는다. 농마가 아래로 가라앉으면 윗물을 떠내고 다시 물을 붓는다. 이 과정을 이틀 동안 여러 차례 되풀이하면 불쾌한 냄새가 없어지고 농마도 하얀색으로 변한다. 윗물을 떠내고 아래 가라앉은 농마 위에 보자기를 덮어 둔다. 덩어리가 생긴 농마를 햇볕에서 말린다. 말린 농마를 가루 내면 함경도 농마국수의 주재료가 완성된다.[107]

감자농마가루는 익반죽하여 국수를 누른다. 국수 오리(국수 가락)가 붙지 않게 젓가락으로 저어 주면서 90초 정도 익힌다. 국수 오리가 떠오르면 재빨리 건져 찬물을 갈아 대면서 3~4번 씻은 다음 사리를 지어 발에 놓아 물기를 찌운다.[108]

107 　주영하, 『백년식사』(서울: 휴머니스트, 2020), 156~158면.
108 　지명희·김익천, 『우리 민족료리』, 45면.

감자전분으로 국수를 만드는 데 쓰는 국수틀은 나무로 만들었다. 큰 것은 성인 한 사람이 위에 올라갈 정도 크기와 구조를 갖추었다. 평양냉면의 국수인 메밀국수와 달리 감자농마국수는 국수틀에서 빼낸 국수를 곧바로 솥에 넣고 한참 익히면 굵어지고 질겨지지 않는다. 농마국수의 국수 오리는 메밀국수나 밀국수 오리보다 소 힘줄처럼 매우 질기고 오돌오돌 씹히는 것이 특징이다.[109]

19세기 말 인천의 제물포, 부산의 초량, 원산 등지에서 활동한 화가로 알려진 기산(箕山) 김준근(金俊根, ?~?)은 〈국수 누르는 모양〉이란 제목을 붙인 그림을 그렸다.[110] 이 그림은 독일이 통일되기 전인 1958년 동독의 한 출판사에서 펴낸 『*KI-SAN Alte Koreanishe Bilder: Landschaften und Volksleben*(기산, 옛 한국 그림: 풍경과 민속생활)』이란 책에 실렸다. 이 책에 실린 김준근의 그림들은 19세기 말 조선에 와서 재정 부분 고문 일을 했던 독일인 묄렌도르프Paul Georg von Möllendorff(1848~1901)가 가지고 있던 것으로 알려져 있다. 묄렌도르프의 딸이 김준근의 그림을 독일

---

109   조선과학백과사전출판사·한국평화문제연구소, 『조선향토대백과사전 18·민속』, 71면.
110   주영하, 『그림으로 맛보는 조선음식사』(서울: 휴머니스트, 2022), 240~249면.

김준근, 「국수 누르는 모양」, 19세기 말, 종이에 판화, 약 25×20.5cm. 출처: 하인리히 융커, *KI-SAN Alte Koreanishe Bilder: Landschaften und Volksleben* (Leipzig: Veb Otto Harrassowitz, 1958).

베를린민족학박물관에 기증했고, 한국학을 연구한 독일학자 하인리히 융커Heinrich F. J. Junker(1889~1970)가 주도해서 책으로 펴냈다. 이 그림은 김준근의 원판 그림이 아니다. 김준근의 그림들을 판화로 만들어, 다시 종이에 찍은 것이다. 융커는 묄렌도르프가 김준근의 그림을 조선의 왕에게 받았다고 책에 적었다.[111] 하지만 김준근의 그림을 고종이 선물로 주었을 가능성은 없어 보인다. 아마도 묄렌도르프가 1882년에서 1885년 사이 조선에 체류할 때 수집한 것으로 추정된다.

그림에 묘사된 국수틀은 한자로 〈면자기(麵榨機)〉라고 적었다. 조선 후기 지식인 서유구(徐有榘, 1764~1845)는 『임원경제지(林園經濟志)』의 「섬용지(贍用志)」에서 〈면자(麵榨)〉라는 이름으로 두 종류의 국수틀을 소개했다. 하나는 널리 쓰이는 일반적인 국수틀이고, 다른 하나는 손님이 갑자기 왔을 때 바로 국수를 만들 수 있는 속성 국수틀이다. 서유구가 묘사하는 일반적인 국수틀의 모양은 앞의 그림 속 국수틀과 닮았다.

서유구는 국수틀의 분통(粉桶)을 다음과 같이 설명했다.

111   Heinrich F. J. Junker, *KI - SAN Alte Koreanishe Bilder: Landschaften und Volksleben* (Leipzig: Veb Otto Harrassowitz, 1958).

3장 함흥 음식

아름드리 크기의 나무를 깎고 다듬어 배는 불룩하고 양 끝은 점점 줄어들게 한다. 배 한가운데에 둥근 구멍을 하나 뚫는데, 직경은 0.4~0.5척 정도 되게 한다. 구멍의 둘레와 지름에 맞춰 쇠로 둥근 판을 만들고 여기에 가는 구멍을 여기저기 뚫는다. 판 둘레에는 테두리를 두르고 판을 나무에 뚫은 구멍의 바닥에 끼워 넣은 다음, 테두리를 따라 작은 쇠못을 박아서 둥근 판을 고정한다.[112]

그림에서는 부뚜막 앞에 선 남성이 오른손으로 국수틀의 공이를 붙잡고 있는데, 그 아래의 원통이 분통이다. 분통 위에는 공이가 드나들 수 있는 구멍이 있고, 아래에는 작은 구멍을 여러 개 낸 쇠붙이가 붙어 있다. 분통에 반죽 덩어리를 놓고 공이로 힘껏 누르면, 반죽이 쇠붙이의 구멍을 통해 길게 뽑혀 아래로 떨어진다.

서유구는 이어서 다음과 같이 적어 놓았다.

이렇게 만든 국수틀을 솥 위쪽에 놓되, 좌우 변에 놓아 둔 시렁에 걸쳐 국수틀 구멍이 솥 한가운데에 오도록 하여 솥 아가리와 0.2~0.3척 떨어트린다. 솥 안에다 물을

---

112 서유구, 『섬용지 1』, 임원경제연구소 옮김(서울: 풍석문화재단, 2016).

끓이면서 밀가루를 반죽하여 덩어리를 만들고 이 덩어리로 둥근 덩이를 빚어 국수틀 구멍에 넣는다.[113]

그림에서도 국수틀의 분통은 솥의 아가리에 잘 맞추어져 있다. 위아래의 기다란 나무, 즉 눌림대와 받침대의 끝부분을 연결해 마치 집게처럼 움직일 수 있도록 만들었다. 그림처럼, 그 반대편 벽에 사다리를 대고 사람이 눌림대 위로 올라가서 힘을 가하면 공이가 분통 구멍으로 쏙 들어간다. 그런데 서유구는 〈밀가루 반죽〉 덩어리를 국수틀에 넣는다고 적었다.

하지만 밀가루 반죽으로 국수를 만들기 위해서는 이렇게나 힘들일 이유가 없다. 식물성 단백질의 혼합물인 글루텐이 들어 있는 밀가루는 물을 붓고 반죽하면 찰기가 생기기 때문에 손으로도 쉽게 늘여 칼로 썰면 국수가 된다. 국수틀에 밀가루 반죽 덩어리를 넣고 성인이 올라가면서까지 국수를 뽑을 필요가 없다. 국수틀은 메밀가루나 녹두전분, 감자전분 반죽으로 국수를 만들 때 필요했다. 메밀이나 녹두, 감자에는 밀에 많은 글루텐 성분이 아예 없어 점성이 떨어진다. 그림 속 국수도 이런 종류인지, 왼쪽 남성이 안간힘을

113   앞의 책.

105   3장 함흥 음식

다해 눌림대를 누르고 있다.

조선 후기에 이 국수틀을 사용한 지역은 평안도와 황해도, 함경도와 강원도였다. 평안도와 황해도 사람들은 이 국수틀을 사용해 단단하게 반죽한 메밀 덩어리를 국수틀의 분통에 넣고 메밀국수를 뽑았다. 강원도 사람들 역시 이 국수틀을 사용해 막국수를 뽑아 냈다. 하지만 함경도 사람들은 감자전분을 반죽해 국수틀의 분통에 넣고 농마국수를 뽑았다. 김준근은 앞서 밝혔듯이 함경도의 원산에서 활동했다고 알려져 있다. 따라서 김준근이 원산, 혹은 원산 북쪽의 함흥에서 본 풍경을 「국수 누르는 모양」에 담았을 가능성이 크다. 더욱이 함경도 사람들은 농마국수를 그냥〈국수〉라고 불러, 김준근이 그림에 붙인 제목에도 그냥〈국수〉임을 확인할 수 있다.

감자전분으로 국수를 만드는 데 쓰는 국수틀은 앞의 그림과 같이 성인 한 사람이 위에 올라갈 정도의 크기와 구조를 갖춰야 한다. 그런데 한여름에 이 국수틀로 농마국수를 뽑으려면 국수틀 위에 올라간 사람이나 국수 오리를 붙지 않게 젓가락질하는 사람이나 온몸이 땀투성이가 되었다. 좁은 부엌에서 땀투성이로 국수 오리를 뽑아내는 장면을 걱정해 온 철공업자 김규홍이 1931년에 쇠로 만든〈제면 기

계(製麵器械))를 발명했다.[113]

이 소식을 전한『동아일보』1932년 6월 29일 자 7면에 실린 기사 내용은 다음과 같다.

함남(咸南) 함주군(咸州郡) 서호(西湖)에서 철공업을 하는 김규홍(金圭弘) 씨는 일즉〔줄곧〕조선국수(冷麵) 기계 제조에 전력을 가하여 그 완성을 보는 즉시 전매특허를 출원 중이든바, 요즈음 출원 허가의 지령을 받게 되었다. 전매특허권을 가지게 된 김규홍 씨는 함주군의 철공소를 원산에 옮기어 오는 동시 동 철공소를 크게 확장하고 목하 매일 제조에 분망 중이다. 기 기계의 특징은 일(一) 인〔사람〕의 반력〔반 정도의 힘〕으로 배 이상의 속도로 국수발까지 보면서 능히 할 수 있는 것, 기체가 극소함으로 좁고 낮은 장소라도 가설할 수 있으며 재래식 제면기에 비하여 특히 위생적이며, 3개월만 사용하면 인건비 절약으로 본 기계 2대를 살 수 있는 점이라 한다.[115]

---

114   「朝鮮製麵機發明」,『동아일보』, 1931년 9월 27일 자, 7면;「新案特許된 朝鮮製麵機」,『동아일보』, 1932년 3월 10일 자, 7면.

115   「製麵機械發明 전매특허어더」,『동아일보』, 1932년 6월 29일 자, 7면.

한편,『동아일보』1933년 11월 13일 자 3면에는 함경남도 함주군 오로리(五老里) 조철기관고(朝鐵機關庫) 영선과 (營繕課)에 근무하는 천임복이 8월에 국수 누르는 기계를 발명했다는 기사를 내보냈다.[116] 아마도 천임복 역시 또 다른 감자국수 누르는 기계를 개발했던 것이다. 이 철제 면기가 오늘날 냉면집과 막국숫집에서 사용하는 스테인리스스틸로 만든 제면기로 진화했다.

감자농마국수 역시 평양냉면과 마찬가지로 육수를 붓는다. 육수 재료로는 소고기·돼지고기·닭고기 등을 사용했다. 고기를 찬물에 넣어 두었다가 꺼내 삶아서 건진다. 고깃국물에 소금·간장·맛내기(화학조미료)를 넣고 차게 식힌다. 마늘을 잘게 다지고 실파와 실고추를 준비한다. 꾸미로 올릴 소고기와 돼지고기를 버들잎 모양으로 썰고, 닭고기를 5센티미터 길이로 찢어 고깃국물 약간, 간장·참기름·참깨·고춧가루·맛내기·설탕·후춧가루와 다진 마늘을 넣고 버무린다.[117] 농마국수 사리에 고깃국물·참기름·양념장을 넣고 고루 비벼 쟁반에 담고 삶은 달걀을 네 쪽으로 썰어서 위에 올린다. 달걀 사이에 고기·김치·배를 놓는다. 가운데

116 「국수 누르는 機械를 發明」,『동아일보』, 1933년 11월 13일 자, 3면.
117 지명희·김익천,『우리 민족료리』, 46면.

에 실파와 실고추, 그리고 실처럼 썬 달걀을 고명으로 올리고, 마지막에 고깃국물을 붓는다.

함경도 사람들은 농마국수와 함께 일종의 비빔국수인 회국수도 즐겨 먹었다. 회국수는 고깃국물을 붓지 않고 명태·가자미·홍어 등의 생선을 꾸미로 올린 것이다. 시인 백석은 가자미를 매우 즐겨 먹었는데, 그는 가자미가 들어간 회국수가 일미(一味)라는 글을 남겼다.[118] 식민지기 함흥에는 중앙냉면옥(中央冷麵屋)이 가장 큰 감자국수 음식점 중 하나였다.[119] 당시 감자국수 음식점에서는 국수를 배달해 주었다.[120] 오늘날 북한에서는 함경남도 중심 도시인 함흥시에 1976년 6월 1일 설립된 신흥관(新興館)이라는 감자농마국수 전문 음식점이 유명하다.[121]

한국 전쟁 후 남한으로 월남한 함경도 사람들은 음식점을 운영하면서 회국수와 함께 남한식으로 비빔국수를 만들었다. 곧 그들은 고춧가루와 고추장만으로 비빈 〈함경도 비빔냉면〉을 판매했다. 그러나 자신들의 전매특허였던 감자

---

118 백석, 「동해」, 『동아일보』, 1938년 6월 7일 자, 석간 3면.

119 「血汗의 結晶 十二圓廿錢」, 『동아일보』, 1934년 8월 19일 자, 조간 3면.

120 「국수配達들 熱誠」, 『조선일보』, 1938년 4월 12일 자, 석간 7면.

121 조선과학백과사전출판사·한국평화문제연구소, 『조선향토대백과사전 12·함경남도』(서울: 평화문제연구소, 2003), 54면.

농마국수를 고향의 요리법대로 만들어 판매하는 음식점은 많지 않았다. 아마도 농마국수를 만들기가 어려웠기 때문으로 추정된다. 남한 사람들은 물냉면은 평양냉면, 비빔냉면은 함흥냉면이라고 오해한다. 하지만 함흥식 냉면의 핵심은 감자전분으로 만든 고무줄처럼 질긴 국수다.

3
함흥 명태 음식

명태 집산지 함흥

식민지기 함경도 동해안은 명태 집산지였다.[122] 조선 후기
지식인 이규경(李圭景, 1788~1856)은 『오주연문장전산고
(五洲衍文長箋散稿)』의 「북어변증설(北魚辨證說)」에서
19세기 조선 사람들이 인식하고 있던 명태의 형태와 종류,
그리고 쓰임새를 자세하게 적었다. 먼저 명태의 생김새와
생선 살의 맛이다.

우리나라 동북해 중에 있는 생선이다. 생김이 좁고 길
어 한 척 정도다. 입이 크고 비늘이 거의 없다. 묽은 검붉
은색이다. 머리에는 호박처럼 타원형의 뼈가 있다. 배에
는 알이 있는데, 작고 가늘면서 차지다. 또 살은 양의 기

122　주영하, 『식탁 위의 한국사』, 273~279면.

름이나 돼지의 등심고기와 비슷하다. 그래서 고지미(膏脂美)라고 부르기도 한다.[123]

또 이규경은 〈이름은 북어(北魚)이고, 민간에서는 명태(明太)라고 부른다. 봄에 잡히는 것은 춘태(春太)라 일컫고, 겨울에 잡히는 것은 동태(冬太)라 일컫는다. 동짓달에 시장에 나오는 것은 동명태(凍明太)라고 부른다〉[124]라고 적었다. 그러고는 〈생것의 고기는 질이 거칠지만 맛은 담박하다. 말리면 포가 된다. 한 군데 몰려 있어 한 마리를 잡으면 수십 마리가 따라와서 사방이 가득 찬다. 매일같이 밥반찬으로 쓰인다. 여항(閭巷)의 가난한 백성들은 신령에게 제사를 모실 때 말린 것을 중요한 제수로 삼는다. 가난한 선비의 집에서도 제사 때 올려야 하는 각종 고기 제물을 이것으로 대신한다. 그러니 값은 싼 데 비해 귀하게 쓰인다. 단지 먹을 줄 알 뿐 그 이름을 모르니 과연 옳겠는가!〉[125]라고 했다.

하지만 식민지기 이후 함경도 사람들은 〈서울 이남에서는 마른〔乾〕 명태를 북어(北魚)라 하고 북어로 마르기 전,

123   이규경, 『오주연문장전산고(五洲衍文長箋散稿)·북어변증설(北魚辨證說)』, 한국고전종합DB.
124   위의 책.
125   위의 책.

112

즉 생어(生魚)를 명태라고 한다〉[126]라고 했다. 사실 명태의 다양한 이름에 대해서는 여러 가지 주장이 있다. 식민지기 함경도 사람들은 다음과 같은 이야기가 예전부터 전한다고 믿었다. 그 전설에 의하면, 〈명태〉라는 이름은 함경북도 명천(明川)의 어부 중 태(太)씨 성을 가진 사람이 처음 잡고서 지명의 〈명〉과 자신의 성씨인 〈태〉를 붙여 명태가 되었다고 한다. 〈북어〉라는 이름은 남한 사람들이 북쪽에서 나는 생선이므로 붙인 이름이다.

식민지기 이후 명태는 생어를, 북어는 말린 것을 가리키는 말로 정착되었다. 이 전설에 의하면, 적어도 조선 후기까지만 해도 명태 집산지는 함경북도 명천이었음을 확인할 수 있다. 시인 백석은 함주에서 명태를 두고 다음과 같은 시를 지었다.

처마 끝에 명태를 말린다, 명태는 꽁꽁 얼었다, 명태는 길다랗고 파리한 물고긴데, 꼬리에 길다란 고드름이 달렸다, 해는 저물고 날은 다 가고 볕은 서러웁게 차갑다, 나도 길다랗고 파리한 명태다, 문턱에 꽁꽁 얼어서, 가슴

126 「咸南의 明太魚 (1)」, 『동아일보』, 1930년 3월 2일 자, 8면.

함경남도 북청 신창의 명태 덕장 전경(위)과 신창의 명태 어항과 어선 모습(아래)이다. 출처: 국립중앙박물관.

에 길다란 고드름이 달렸다.[127]

1930년대 들어와서 명태의 주산지는 함경남도 함흥 근처 동해로 바뀌었다. 그전에는 명천처럼 함경북도가 주산지였지만, 한류를 따라다니는 명태 무리가 남쪽으로 이동하면서 이런 변화가 일어났다.[128] 그래서 1910년대만 해도 주산지가 함경남도 이원(利原)의 차호(遮湖), 북청(北靑)의 신포(新浦)와 육대(陸臺) 등지였는데, 1920년대 후반에는 홍원(洪原)의 전진(前津)과 삼호(三湖), 그리고 함흥의 퇴조(退潮) 등지로 변했다.[129] 아울러 1920년대 중반부터 원산은 명태의 또 다른 집산지가 되었다. 따라서 1930년대 함경남도의 함흥과 원산 근처 어항은 함경도 동해에서 잡힌 명태가 모이는 중심지가 되었다.

명태는 주로 11월에서 다음 해 2월 사이에 잡혔다. 조선 후기만 해도 함경북도에서 잡힌 명태는 수레에 실려 서울을 비롯한 남부 지역으로 운송되었다. 한겨울에 운송된 명태는 얼었다 녹았다를 반복하는 과정에서 새로운 맛을 냈

---

127   고형진, 『정본 백석 시집』, 113면.
128   「咸南의 明太魚 (1)」, 『동아일보』, 1930년 3월 2일 자, 8면.
129   위의 글.

다. 1883년 7월 조선과 일본이 맺은〈조일통상장정〉에는 경상도·전라도·강원도·함경도 연안에서 일본 어부들이 어로 행위를 할 수 있다는 통어권(通漁權) 허락 조항이 들어 있었다. 그러자 일본의 시코구(四國) 어부들이 동해안 어촌으로 대거 이주했다.

일본 어부들은 함경북도 경흥에서 함경남도 원산 인근 바다에서 명태가 대량으로 잡히는 광경을 목격하고 깜짝 놀랐다. 일본인은 명태를 먹지 않았지만 조선인이 매우 좋아한다는 사실을 알고 명태잡이에 몰두해, 원산을 비롯한 함경도 주요 어항에서 발동선(發動船)으로 싹쓸이하기 시작했다.

원래 조선인 어부들은 걸그물이라는 자망(刺網)으로 명태를 잡았다. 자망 어법은 옆으로 기다란 사각형 그물을 명태 어군이 지나는 통로에 수직으로 펼쳐 그물코에 꽂히게 하여 잡는 방법이다. 이러한 방법으로는 일본인들이 석유를 연료로 운행하는 발동선과 수조망(手繰網) 어법을 이길 수 없었다. 수조망 어법은 그물로 어군을 뺑 둘러 해당 구역 내 명태를 휩쓸어 잡아, 말 그대로 싹쓸이하다시피 하는 방법이다.[129] 1914년 9월 16일, 경성과 원산 사이에 경원선이 개통되면서 명태 유통망은 새로운 전기를 맞이했다. 경원선 철로 완공과 함께 공사가 시작된 원산-청진 간 함경선이 점차 북으로 이어지면서 서울에서는 명태를 쉽게 확보할 수 있었다.

일본인의 발동선과 수조망은 명태잡이에서 절대적 우위를 차지했다. 가령 1930년 함경남도 어항에서 가동된 발동선은 모두 24척이었지만, 그중 21척이 일본인 소유였다. 일본인 소유 발동선은 명태의 치어마저 잡아 버렸다.

결국 1920년대 말부터 함경도 주요 어항에서 활동하던 조선인 어민들은 이 문제를 여론화시켰다.[131] 1930년 3월 4일 자 『동아일보』에서는 〈함남의 명태어〉를 다루면서 이 문제를 들고 나왔다. 심지어 같은 신문 1931년 3월 8일 자에서는 함남 중부 해안에 있는 홍원군(洪原郡) 유지들이 〈밀어 발동선 횡행〉 문제를 지방 여론으로 당국에 청하는 기사까지 실렸다. 하지만 조선총독부에서는 발동선 허가를 추가로 내주지 않았고, 조선인의 청원을 들어주지도 않았다.

130　「咸南의 明太魚 (1)」, 『동아일보』, 1930년 3월 2일 자, 8면.

131　위의 글;「咸南의 明太魚 (2)」, 『동아일보』, 1930년 3월 4일 자, 8면;「咸南의 明太魚 (3)」, 『동아일보』, 1930년 3월 5일 자, 8면;「咸南의 明太魚 (4)」, 『동아일보』, 1930년 3월 6일 자, 8면.

명란젓

이규경은 〈젓갈로 담근 난해(卵醯)는 명란이라 일컫는다〉.[132] 명란은 명태의 알을 가리키고, 명란으로 담근 젓갈을 명란젓이라 부른다.[133] 보통 숭어·연어·민어 따위 생선 알을 알주머니째 따로 빼내 소금에 절여 햇볕에 반쯤 말린 어란(魚卵)은 장기간 상온에서 보관할 수 있어 조선 시대 때도 고급 음식으로 널리 유통되었다. 이에 비해 명란은 알집이 단단하지 않아 겨울이 아니면 상온에서 쉽게 썩기 때문에 소금에 절여 삭히는 방법으로 제조했다. 그래서 겨울에만 함경도 일부 지역에서 한반도의 남쪽으로 유통되었다. 1910년 1월 29일 자 『황성신문』 기사에 의하면, 1909년 1년 동안 함경도에서 부산항으로 유입된 명란은 720원 규모였다.

일본인 어부들이 함경도의 어항에 몰려들어 명태를 잡기 시작하면서 그들은 명란젓에도 주목했다. 문제는 먼 거리로 유통하기 위해 명란젓을 개량하는 것이었다. 1920년대가 되자 일본인에 의해 명태는 물론이고 명란마저 통조림으로 가공되어 일본 열도를 비롯해 타이완과 만주로까지

---

132   이규경, 『오주연문장전산고(五洲衍文長箋散稿)·북어변증설(北魚辨證說)』.
133   주영하, 『백년식사』, 94~99면.

수출되기 시작했다. 그러자 조선인 무역상들은 명란젓을 일본인에게 빼앗긴다고 걱정하지 않을 수 없었다.

1931년 4월 함경남도 홍원군에서 열린 조선인 무역상들의 좌담회에 참석한 대무역상(大貿易商) 정종성은 〈명란에 있어서는 그것이 수출하게 된 것은 지금부터 불과 사오 년 전 이후의 일인데 대개 일본과 대만에서 많이 수요합니다. 이것도 외인(外人, 일본인)의 가공품보다는 품질이 양호치 못하여 판매 가격에 있어서 조선 사람의 조제 명란은 약 20퍼센트가 할인(割引)이 된다고 합니다. 그러나 지역적으로 보아서는 우리는 가공품 제조에 대하여 장소와 기후가 매우 적당하여 썩 발전될 여지가 많다고 생각합니다〉[134]라는 의견을 피력했다.

1920~1930년대 홍원군의 삼호는 전국에서 명태 어획량이 가장 많은 어항이었다. 1933년 8월 25일 〈삼호마루보시(대표 지표준)〉라는 운송점 주최로 명태자(明太子), 곧 명란젓 문제 협의회를 결성해 면장 등 유지들과 어민들이 대책을 논의하기에 이르렀다. 그들은 조선운송주식회사와 조선 총독부 철도국에 명란 운임 인하를 요청하기로 결의하

---

134 「주요 도시 순회 좌담 (140) 제29 홍원 편」, 『동아일보』, 1931년 3월 8일자, 석간 5면.

　　　　　　　　　　　　　3장 함흥 음식

고, 아울러 명란 제조 개량 방법에 대해 논의했다.[135] 자세한 개량 방법이 나오지는 않았지만, 명란을 씻어 물기를 뺀 다음 소금에 절여 고춧가루를 겉에 바르는 방법이 아니었을까 추정된다.

명란젓의 일본어는 〈멘타이코(明太子)〉다. 〈멘타이코〉는 〈명태의 알〉이란 뜻이다. 명란젓의 다른 이름으로는 〈가라시멘타이코(辛子明太子)〉가 있다. 〈가라시멘타이코〉의 〈가라시〉는 고추를 가리킨다. 따라서 〈가라시멘타이코〉는 명란을 소금에 절인 후 고춧가루를 겉에 바른 젓갈이다. 일본인은 어패류의 살이나 내장, 알 등을 소금에 절여 발효한 젓갈을 〈시오가라(鹽辛)〉라고 부른다. 그래서 일본인은 명란젓을 〈시오가라〉의 일종인 일본 음식이라고 여긴다.

1930년대 초반 일본인이 운영하는 명란 상점에서는 명란을 씻어 물기를 뺀 다음 소금에 절여 고춧가루를 겉에 바르고 나무로 만든 통에 넣고 가공하는 기술까지 개발했다.[136] 조선에서 명란을 취급하던 일본인 상점 중 히구치상점(樋口商店)은 가공 기술이 뛰어난 곳 중 하나였다. 히구치상점의 주인은 도쿄 출신 히구치 이쓰하(樋口伊都羽,

---

135 「명란 생산의 개량협의회」, 『동아일보』, 1933년 8월 25일 자, 5면.
136 「주요 도시 순회 좌담 (140) 제29 홍원 편」, 『동아일보』.

1872~1956)였다.[137]

히구치는 1897년경 가난에서 벗어나기 위해 조선에 와서 경찰이 되었다. 1907년경 그는 조선 어부들이 명태를 가공하면서 명란을 상품으로 만들지 않는다는 사실을 알고 경찰을 그만둔 뒤 원산에서 하구치상점을 차리고 명란 가공업에 뛰어들었다. 히구치상점에서는 명란을 시모노세키(下關)로 보내면서 〈멘타이코〉라 부르지 않고, 〈시오가라〉라고 불렀다.

1905년 러일 전쟁 후 시모노세키와 부산 사이에 연락선(連絡船)이 생기자, 1907년 히구치는 상점을 원산에서 부산으로 옮겼다. 원산에서 시모노세키로 명란젓을 보내는 것보다 부산에서 보내는 편이 훨씬 효율적이라고 판단했던 것이다. 만주에 진출한 일본인들의 명란젓 수요도 만만치 않았는데, 이 또한 부산에서 철로를 이용해 공급하면 큰 어려움이 없었다. 이미 원산에서 서울까지, 서울에서 부산까지, 부산에서 만주의 선양까지 철로가 놓여, 부산은 유통의 중간 지점이었다.

1945년 8월 15일 제2차 세계 대전이 일본의 패전으로 끝

137　今西一·中谷三男, 『明太子開発史: そのルーツを探る』(東京: 成山堂書店, 2008), 84~87면.

나자 히구치는 후쿠오카(福岡)의 하카타(博多)로 이주했다가, 사위의 고향인 미에현(三重県)의 한 마을로 옮겨 살았다. 모든 사업 자산을 부산에 그대로 두고 귀국한 히구치는 더는 명란 사업을 하지 못했다. 그래도 시모노세키와 하카타의 기존 생산업자들이 가공과 판매를 이어 갔다.[138] 그중 하카타의 가와하라 도시오(川原俊夫, 1913~1980)는 1949년 1월 10일부터 〈맛있는 명란(味の明太子)〉이란 상표로 명란을 판매했다. 이후 하카타는 일본 가라시멘타이코의 고향이 되었다.

앞에서도 말했듯이, 본디 명란젓은 함경도 사람들이 먹었던 음식이다.[139] 시인 백석은 함주에서 다음과 같은 시를 지었다.

명태 창난젓에 고추무거리에 막칼질한 무이를 뷔벼 익힌 것을, 이 투박한 북관(北關, 함경도)을 한없이 끼밀고 있노라면, 쓸쓸하니 무릎은 꿇어진다, 시큼한 배척한 퀴퀴한 이 내음새 속에, 나는 가느슥히 여진(女眞)의 살내음새를 맡는다, 얼근한 비릿한 구릿한 이 맛 속에선, 까마

138   앞의 책, 87면.
139   이규경, 앞의 책.

득히 신라 백성의 향수도 맛본다.[140]

식민지기 이화여자전문대학(지금의 이화여자대학교) 교수였던 방신영은 『조선요리제법』에서 〈명란젓〉이라 적고, 요즘처럼 명란젓을 쪄서 먹는 법과 젓갈로 먹는 법을 함께 적어 놓았다.

겨울에 먹는 것이니 북어 알로 만든 것이라 날로도 먹고 쪄서도 먹나니 찌개하는 법은 명란을 오 푼 길이씩 되게 잘라서 그릇에 담고 파를 채 쳐 얹고 고추를 약간 썰어 넣고 물을 적당히 친 후 끓이든지 찌든지 해서 먹는 것이오. 생으로 먹는 것은 명란을 도마에 놓고 잘 드는 칼로 오 푼 길이로 잘라서(다른 것을 써는 것과 같이 썰지 말고 칼로 툭툭 쳐서 잘라라) 접시에 담아 놓고 움파를 한 치 길이로 잘라 채 쳐서 접시 한옆에 곁들여 놓고 식초를 조금 쳐서 상에 놓는 것이니라.[141]

140   고형진, 『정본 백석 시집』, 81면.
141   방신영, 『조선요리제법(朝鮮料理製法)』(경성: 한성도서주식회사, 1936), 110~111면.

하지만 앞에서도 살펴보았듯이, 식민지기 함흥의 명란 젓은 일본인에 의해 일본인 입맛에 맞도록 개량되어 일본 으로 수출되었다. 일본의 멘타이코와 가라시멘타이코는 식민지 조선에서 제국 일본으로 건너간 음식임을 부정할 수 없다. 다만, 명란을 소금에 절여 고춧가루를 입힌 가라시 멘타이코는 식민지기 조선인과 조선의 일본인에 의해 개 발된 것일 수 있다. 이후 멘타이코는 일본인의 기호품으로 서 상품화의 길을 걸었다. 조선의 맛이 제국의 맛이 된 것이 다.[142] 최근 일본인 중에 명란젓을 일본 발명품이라고 생각 하는 사람이 많은데, 일본의 가라시멘타이코는 함경도의 명란젓이 진화한 결과물이다.

---

142 林采成,『飲食朝鮮: 帝国の中の「食」経済史—』, 188면.

4
함흥의 가자미식혜

시인 백석은 가자미를 무척 좋아했다. 그는 당시 함경도 사람들이 가자미를 〈가재미〉라고 부른다고 적었다. 백석은 1936년 9월 함흥에 있으면서 『조선일보』에 다음과 같은 글을 실었다.

동해(東海) 가까운 거리로 와서 나는 가재미(가자미)와 가장 친하다. 광어, 문어, 고등어, 평메(평도미), 횟대(둑중갯과의 바닷물고기)…… 생선이 많지만 모두 한두 끼에 나를 물리게 하고 만다. 그저 한없이 착하고 정다운 가재미만이 흰밥과 빨간 고치장(고추장)과 함께 가난하고 쓸쓸한 내 상에 한 끼도 빠지지 않고 오른다. 나는 이 가재미를 처음 십 전 하나에 뺨가웃(사람 얼굴만 한)씩 되는 것 여섯 마리를 받아 들고 왔다. 다음부터는 할머니

가 두 두름 마흔 개에 이십오 전씩에 사오시는데 큰 가재
미보다도 잔 것을 내가 좋아해서 모두 손길만큼 한 것들
이다. 그동안 나는 한 달포 이 고을을 떠났다 와서 오랜만
에 내 가재미를 찾아 생선장으로 갔더니 섭섭하게도 이
물선〔재료〕은 보이지 않았다. 음력 팔월 초상이 되어서
야 이내 친한 것이 온다고 한다. 나는 어서 그때가 와서 우
리들 흰밥과 고치장과 다 만나서 아침저녁 기뻐하게 되
기만 기다린다. 그때엔 또 이십오 전에 두어 두름씩 해서
나와 같이 이 물선을 좋아하는 H(평북 용천 출신 허준)한
테도 보내어야겠다.[143]

백석은 1937년『조광(朝光)』이란 잡지에 다음과 같은 가
자미 시도 실었다.

낡은 나조반〔전라남도 나주에서 생산한 사각형 소반〕
에 흰밥도 가재미도 나도 나와 앉아서, 쓸쓸한 저녁을 맞
는다, 흰밥과 가재미와 나는, 우리들은 그 무슨 이야기라
도 다 할 것 같다, 우리들은 서로 미덥고 정답고 그리고 서
로 좋구나, 우리들은 맑은 물밑 해정한 모래톱에서 하구

143   백석,「가재미·나귀」,『조선일보』, 1936년 9월 3일 자, 석간 5면.

긴 날을 모래알만 헤이며 잔뼈가 굵은 탓이다, 바람 좋은 한 벌판에서 물닭이 소리를 들으며 단이슬 먹고 나이 든 탓이다, 외따른 산골에서 소리개 소리 배우며 다람쥐 동무하고 자라난 탓이다, 우리들은 모두 욕심이 없어 희여졌다, 착하디착해서 세관은 가시 하나 손아귀 하나 없다, 너무나 정갈해서 이렇게 파리했다, 우리들은 가난해도 서럽지 않다, 우리들은 외로워할 까닭도 없다, 그리고 누구 하나 부럽지도 않다, 흰밥과 가재미와 나는, 우리들이 같이 있으면, 세상 같은 건 밖에 나도 좋을 것 같다.[144]

가자미로 만드는 함흥의 대표적 음식은 가자미식혜다. 방신영은 1934년 11월 3일 자 『동아일보』에 함흥 음식으로 〈가자미식혜〉 요리법을 소개했다.[145] 그녀는 〈이것은 함흥 요리인데 서울 깍두기와 비슷한 반찬입니다〉라고 적었다. 그녀도 백석처럼 가자미를 가재미라고 적었다. 〈가재미는 이철 음식물입니다. 이때에 많이 나는 것이니 가재미 한 가지로 여러 가지 음식을 만들 수 있습니다. 살이 많고 연한 맛

---

144   백석, 「咸州詩抄·膳友辭」, 『朝光』 3권 10호, 1937년 10월; 고형진, 『정본 백석 시집』, 83~84면.
145   방신영, 「秋期家庭講座(其十) 朝鮮料理 (3)」, 『동아일보』, 1934년 11월 3일 자, 석간 5면.

있는 생선입니다〉라고 한 뒤, 가자미식혜 만드는 데 쓰이는 재료를 〈가자미 다섯 마리, 고춧가루 반 홉 현미(玄米) 한홉, 소금 반 홉, 무 채 쳐서 한 사발〉이라고 적었다.

이어서 만드는 방법을 〈가자미를 비늘을 긁고 내장을 뺀 후 정하게 씻어 가지고 둘에 쪼개어서 다시 둘에 갈라서 그대로 손가락 굵기만큼씩 썰어서 소금에 절여서 놓고 무를 채 썰어서 소금으로 약간 절여서 물기를 대강 짜서 놓고 현미로 밥을 축축하게 지어서 그릇에 퍼 담고 식은 후에 절였던 가자미와 무채와 고추와 소금을 함께 섞어서 항아리에 담고 꼭 봉해 두었다가 보름 후쯤 먹게 됩니다〉라고 썼다.

방신영은 〈가자미식혜〉라고 적었다. 사실 식해는 한자로 〈食醢〉라고 적는다. 여기에서 〈해〉는 고기나 생선을 소금에 절인 것을 가리킨다. 그리고 식혜의 한자는 〈食醯〉다. 〈혜〉는 고기나 생선을 식초에 절인 것을 가리킨다. 따라서 〈가자미식해〉라고 적어야 옳다. 그러나 조선 후기 사람들은 식해와 식혜를 엄격하게 구분하지 않았고, 함경도 사람들은 모두 〈가자미식혜〉라고 적었다. 방신영도 그랬고, 지금의 북한에서도 〈가자미식혜〉라고 부른다.

북한에서 나온 책에 함경도 앞바다에서 가자미가 많이 잡혔다고 적혀 있다.[145] 그러면서 가자미식혜 요리법을 다음과 같이 적어 놓았다.

소금에 절인 가자미 살과 무 그리고 조밥, 질금가루, 고춧가루, 파, 마늘 등을 섞어서 삭혀 만들었다. 식혜에 흰쌀밥을 쓰지 않고 조밥을 쓴 것은 이 고장의 오랜 관습이다.

가자미식혜에 조로 지은 밥을 쓰는 이유는 음식의 맛과 볼품과 관련 있다고 했다. 〈식혜를 만들 때 흰쌀밥을 두면 밥알이 풀어져 볼품이 없어지지만, 조밥은 알이 작고 단단하여 변화가 알리지〔생기지〕 않았다〉라고 설명했다. 가자미식혜는 밥반찬으로 좋다면서, 〈새큼한 맛과 단맛이 잘 어울려 뒷입맛을 개운하게 하며 향긋한 냄새가 풍겨 언제나 구미를 당기게 한다〉라고 했다. 한국 전쟁 이후 함경남도에서 월남한 사람들은 가자미식혜를 잘 만든다. 그들이 많이 모여 사는 강원도 속초에는 가자미식혜를 판매하는 가게가 많다.

146   조선과학백과사전출판사·한국평화문제연구소, 『조선향토대백과 18·민속』, 72면.

5
원산의 소면과 소고기

소면(素麵)은 밀가루로 만든 국수다.[147] 식민지기 일본에서 통용된 소면 제조법은 다음과 같다.[148] 밀가루에 소금물을 넣고 반죽해 하룻밤 숙성시킨 뒤 홍두깨로 눌러서 넓게 편 다음 돌돌 감아서 가늘게 썬 뒤 상자에 잠시 넣어 둔다. 이것을 손이나 기계로 펴서 말린 다음 데쳐 열탕에 넣은 후 냉수에 씻어 낸다. 1930년대 이후에는 소면 제조가 기계로 이루어졌다. 손으로 밀가루를 반죽한 다음 기계에 넣고 얇게 펼친 뒤 다시 국수 절단 기계에 넣으면 면발이 가는 소면이 줄줄이 나왔다. 이것을 나무 봉에 매달아 햇볕에 말리면 건면(乾麵)이 되었다.

건면은 조선어로 〈말린 우동〉이라고도 불렸다. 건면은

147   주영하, 『백년식사』, 125~127면.
148   川流堂, 『軍隊料理法』(東京: 川流堂, 1910), 124~125면.

생면보다 유통 기한이 길고 단위별로 묶어서 판매하기도 좋아 널리 퍼졌다. 1930년대 중반부터 함경남도의 원산은 소면 제조업으로 널리 이름을 알렸다. 1935년 9월 원산의 철산옥제면소(鐵山屋製麵所)에서는 전기 모터 제면기 5대, 수동식 제면기 120여 대를 갖추고 매일 1천5백여 근(斤)의 소면을 생산했다.[149] 제면업은 일찍이 19세기 말 일본에서 출발한 사업으로, 식민지 조선에서도 제면소는 대부분 일본인이 운영했다. 1930년대 중후반에는 일본인에게 소면 제조 기술을 배워 조선인이 운영하는 제면소가 등장한다.

1938년 6월 중순 무렵부터 조선 총독부는 중일 전쟁을 준비하면서 〈국민정신총동원조선연맹〉이란 단체를 이용해 쌀과 고기 대신 먹을 수 있는 〈대용식(代用食)〉을 널리 홍보했다. 1942년부터 태평양 전쟁을 준비하면서 조선 총독부는 매월 3회 대용식의 날을 강제로 시행하도록 조치했다. 그런데 문제는 쌀을 대신하는 대용식으로 어떤 음식을 제공할 것인가였다. 그중 하나가 소면이었다. 소면은 〈대용식계(代用食界)의 왕좌(王座)〉로 꼽힐 정도로 다른 대용식에 비해 인기가 많았으며, 생산량 또한 부족하지 않았다.

149 「元山素麵 逐日 발전」, 『동아일보』, 1935년 10월 1일 자, 조간 4면.

1942년 이후 소면은 대용식의 한 가지로 한 달에 세 번씩 배급되었다.[150]

특히 함경남도 원산에 있던 함경남도소면공업조합의 소면은 생산량도 많고 맛도 뛰어났다. 그러자 수요가 매우 늘어 공급이 원활하지 않았다. 결국 함경남도에서는 노무자에게 우선 배급하고, 강원도·평안북도·평안남도 등지에서의 반출 요청을 받아들일 수 없었다.[151]

한국 전쟁 이후 부산으로 피란 온 여러 함경남도 사람이 미국에서 원조로 들어온 밀로 함경도식 건면을 만들어 판매했다. 또 어떤 함경남도 출신은 원산에서 개발된 냉면 제면기로 밀국수 냉면을 만들어 판매했다. 이처럼 전쟁 중에 냉면 제면기를 만난 함경남도의 말린 국수는 이후 부산의 밀국수로 재탄생했다.

150 「한 달에 세 번 대용식 건면(乾麵)을 배급한다」, 『매일신보』, 1942년 6월 29일 자, 조간 3면.
151 「대용식계의 왕 함남소면 강원도서 주문」, 『매일신보』, 1942년 6월 22일 자, 조간 4면.

4장

왜주 음식

1
해주 개요

식민지기 해주(海州)는 다른 도청 소재지에 비해 크게 성장하지 못했다. 조선 시대에는 서울에서 평양으로 가는 길목에 자리 잡고, 서해와 접해 있어 교통의 요충지였다. 그러나 식민지기에 다른 도시들처럼 성장하지 못한 가장 큰 이유 중 하나는 서울과 신의주를 연결하는 경의선(京義線)이 해주를 지나지 않았기 때문이다. 아울러 식민지기에는 남쪽 6킬로미터에 있는 용당포(龍塘浦)가 항만 시설을 갖추지 못해 물류 중심지 역할을 하지 못했다.

그러나 1920년대 해주 시가지를 재정비하면서 황해도 도청 소재지로서 면모를 회복하기 시작했다.[152] 1920년대부터 황해도 연백평야에서 생산된 쌀이 일본으로 수출되면서 미곡상과 비료상이 해주로 몰려들었고, 연이어 정미소

152　仲摩照久, 『日本地理風俗大系 第十七卷, 朝鮮 下』, 234~235면.

와 소주 및 약주 양조장 등이 들어섰다.[153] 식민지기 해주에는 백자 항아리를 전문적으로 생산하는 자기 공방이 유명했다.[154] 일명 〈해주백자〉로 불린 백자 항아리는 서울의 쌀독이나 간장 항아리 크기의 옹기 모양이지만, 백자에 각종 문양을 유약으로 칠한 특색 있는 기물이었다.

식민지기 해주에는 벽성루(碧城樓) 등 고급 요리점이 있었다.[155] 해주 대중음식점의 메뉴로는 냉면·온반(溫飯)·떡국[餠飯]·편수·만두 등이 있었다.[156] 해주의 냉면은 평양냉면과 마찬가지로 메밀로 만든 국수에 육수를 부었다. 온반 역시 평양온반과 비슷한 음식으로 여겨진다. 편수와 만두는 밀가루 반죽으로 만든 음식이다. 밀이 많이 생산되던 황해도는[157] 고려 후기 중국에서 서해를 통해 개성으로 가는 길목에 있어 중국인들이 전해 준 밀가루 음식이 많았다.

해주는 경의선이 지나지 않아 성장하지 못한 반면, 사리

---

153 서영수, 「1930년대 海州의 도시기반시설 확충과 〈식민 권력〉」, 『한국사연구』 167집(2014): 159~160.

154 尹喜鳳, 「1900년 전후, 황해도 해주백자의 생산과 소비 변화」, 『미술사연구』 31호(2016): 295.

155 「비관끝에 縊死, 해주요리점 하인」, 『매일신보』, 1923년 3월 5일 자, 3면.

156 「海州飮食價減下」, 『매일신보』, 1930년 11월 16일 자, 3면.

157 仲摩照久, 앞의 책, 231면.

원(沙里院)은 서울과 평양 중간에 위치해 식민지기에 급속히 성장했다. 1930년 12월 사리원과 해주를 잇는 황해선(黃海線) 철로가 개설되면서 사리원은 황해도 서남부와 연결되었다. 물류 중심지가 된 사리원에는 소주 공장과 정미소, 당면 제조소 등 소규모 식품 공장이 자리 잡았다. 아울러 황해도의 소는 사리원의 도살장에서 불고기용으로 많이 도축되었다.[158] 사리원에는 일본인도 적지 않아 일력(一力)·박다옥(博多屋)·해병옥(海兵屋)·만월(萬月) 등 일본요리옥 요정(料亭)이 있었다.[159]

---

158 「沙里院屠畜數」, 『매일신보』, 1934년 7월 4일 자, 4면.
159 「광고, 奉悼, 沙里院料亭」, 『京城日報』, 1927년 1월 8일 자, 5면.

2
해주비빔밥

북한에서 발간된 『조선향토대백과 18·민속』에는 〈해주비
빔밥은 평양, 전주, 진주의 비빔밥과 함께 우리나라에서 가
장 소문났다. 수양산 고사리와 구워서 부스러뜨린 김을 넣
는 것이 특색이었다〉[160]라고 기록되어 있다. 하지만 조선 후
기나 식민지기 문헌에서는 해주비빔밥에 관한 기록이 아
직 발견되지 않았다. 다만, 1890년대에 필사된 한글 조리서
『시의전서·음식방문』에 요리법이 적혀 있는 〈부빔밥〔비빔
밥〕〉 내용과 비슷했을 것으로 추정된다.

　『시의전서·음식방문』에 실린 비빔밥 요리법은 다음과
같다.

160　조선과학백과사전출판사·한국평화문제연구소, 『조선향토대백과
18·민속』, 73면.

부스러뜨린 김을 넣는 해주비빔밥. 출처: 평화문제연구소.

밥을 정히 짓고 고기는 재워 볶고 간납(干納, 소의 간이나 처녑, 생선 따위로 만들어 제사에 쓰는 저냐)은 부쳐 썬다. 각색 나물을 볶아 놓고 좋은 다시마로 튀각을 튀겨 부숴 놓는다. 밥에 모든 재료를 섞고 깨소금과 기름을 많이 넣어 비벼서 그릇에 담는다. 위에는 잡탕거리처럼 계란을 부쳐서 골패 짝만큼씩 썰어 얹는다. 완자는 고기를 곱게 다져 잘 재워 구슬만큼씩 빚은 다음 밀가루를 묻혀 계란을 씌워 부쳐 얹는다. 장국은 잡탕국으로 해서 쓴다.[161]

161 『是議全書·飮食方文』.

다만, 북한 문헌에서 해주비빔밥의 특징으로 〈부스러뜨린 김〉을 넣는다고 했으므로 튀각 대신 김을 넣었을 것으로 여겨진다.

조선 후기 이익(李瀷, 1629~1690)은 『성호사설(星湖僿說)』의 「만물문(萬物門)」 〈윤조(綸組)〉에서 김의 생김새를 다음과 같이 적어 놓았다.

우리나라에는 속명 청각채(靑角菜)라는 게 있어, 빛깔은 푸르고 생김새는 녹각(鹿角)과 같은데, 바로 바닷속에서 난다. 이가 바로 윤(綸)이다. 또 속명 해의란 것도 있는데, 이는 바로 바다 돌 위에서 돋는 태(苔, 이끼)로 빛깔은 붉다. 그것을 따서 마치 종이처럼 조각으로 만드니, 이것이 조(組)라는 것이다.[162]

아마도 이익이 『성호사설』을 지을 즈음 사람들은 김을 종이처럼 조각으로 만들어 식용으로 유통했다고 볼 수 있다. 이 종잇조각과 같은 김을 조선 후기 사람들은 기름과 소금으로 구워서 밥반찬으로 먹었다. 황해도 서해 어촌에서는 식민지기에 김 양식업을 많이 했다.[163] 그래서 해주비빔밥

162   이익, 『성호사설(星湖僿說)』, 한국고전종합DB.

에 기름과 소금으로 구운 김을 부숴 넣어 먹었을 것이다.

해주비빔밥의 또 다른 요리법은 방신영이 지은 1921년
판 『조선요리제법』에도 나온다.

먼저 밥을 되직하게 지어 큼직한 그릇에 퍼놓고 무나
물·콩나물·숙주나물·도라지나물·미나리나물·고사리
나물 들을 만들어 먼저 무나물과 콩나물을 속에 넣고 그
위에 밥을 쏟아 넣은 후 불을 조금씩 때어 덥게 하고 누르
미와 산적과 전유어를 잘게 썰어 넣고 또 각색 나물들을
다 넣은 후 기름·깨소금을 치고 젓가락으로 슬슬 저어 비
벼서 각각 주발에 퍼 담은 후에 누르미·산적·전유어를
잘게 썰어 가장자리로 돌려 얹고 또 그 위에 튀각을 부스
러트리고 팽란을 잘게 썰어 얹은 후 알고명을 잘게 썰어
얹고 고춧가루와 깨소금을 뿌려 놓느니라. 그러나 이것
은 겨울에나 봄에 먹는 것이고, 혹 여름에도 이와 같이 하
기는 하나 호박과 외를 잘게 쳐서 기름에 볶아서 위에 얹
느니라.[164]

163   仲摩照久, 『日本地理風俗大系 第十七卷, 朝鮮 下』, 231면.
164   방신영, 『조선요리제법』(경성: 광익서관, 1921), 67면.

여기서는 무나물과 콩나물을 솥에 넣고 불을 때면서 그 위에 밥을 비롯해 각종 재료와 양념을 넣고 젓가락으로 비빈다. 일종의 볶은 비빔밥인데, 해주비빔밥을 소개한 북한 자료에 나오는 요리법과 비슷하다.

3
연안백천(延安白川)의 인절미

1929년 12월 1일 자 잡지 『별건곤』에는 「진품(珍品)·명품
(名品)·천하명식팔도명식물예찬(天下名食八道名食物禮
讚)」이란 칼럼이 실렸다. 곧 당시 지역 음식으로 이름난 음
식을 해당 지역 출신 저자가 집필한 것이다. 앞에서도 소개
한 평양냉면, 대구의 대구탕반(大邱湯飯), 개성의 편수, 서
울의 설렁탕, 진천의 메밀묵, 진주의 비빔밥, 전주의 탁백이
국, 그리고 서울의 신선로 등과 함께 「사랑의 떡, 운치의 떡,
연백(延白)의 인절미」라는 글이 실렸다.[165] 연백의 인절미
를 집필한 저자의 필명은 〈장수산인(長壽山人)〉이다.

　『별건곤』의 연백인절미에 관한 소개에 앞서 1927년 7월
23일 자 『조선일보』 1면에 실린 소설가 안민세의 「벽란도

165　장수산인, 「사랑의 떡, 운치의 떡, 延白의 인절미」, 『별건곤』, 1929년
12월 1일 자, 68면.

(碧瀾渡) 건너와서」에도 나온다. 곧 〈화양강의 본교를 건너 얕은 물모래 위에 머리 깎은 빨가숭이 학동 3~4인이 탐방탐방 목욕하는 양을 보고 귀여운 생각을 하는 동안 그다지 높지 않은 산악과 곳곳이 전개된 평야는 저절로 연안백천인절미의 원료로서 생각되는 미곡의 명소인 것을 수긍케 한다〉[166]라는 글에서 〈연안백천인절미〉라는 문구가 나온다. 그만큼 연백평야를 둔 마을에서 인절미가 유명했던 듯하다. 심지어 사람들은 〈황해도인절미〉[167] 혹은 〈연안인절미〉[168]라는 말을 쓰기도 했다.

인절미는 한자로 〈인병(引餠)〉, 한국어로 〈찰떡〉이라고 적는다. 북한의 『조선향토대백과 18·민속』에서는 황해도의 이름난 떡으로 찰떡(인절미)을 꼽았다.

찰떡은 주로 귀한 손님이 오거나 대사 때에 만들었다. 잔칫상의 찰떡은 놋동이에 담아 놓았으며 사돈집으로 보낼 때는 〈안반(떡치는 판)만 하다〉고 표현한 것처럼 크게

166　안민세, 「碧瀾渡 건너와서」, 『조선일보』, 1927년 7월 23일 자, 1면.
167　「안 나는 젖을 나게 하는 방법 (1)」, 『조선일보』, 1929년 6월 14일 자, 3면.
168　「獄中生活 (1)」, 『동아일보』, 1930년 1월 1일 자, 5면;「各地 名産物은 무엇무엇인가」, 『동아일보』, 1935년 1월 2일 자, 11면.

잘라서 큰 고리짝에 담아 보냈다. 이것을 〈혼인인절미〉,
〈연안인절미〉라고 불렀다.[169]

여기에서 〈연안〉은 앞에서 소개한 〈연안백천〉의 지명이
다. 연안은 황해도 연백 지역의 옛 이름이다. 백천은 황해도
연백군의 지명으로 사람들은 〈배천〉이라고 불렀다. 실제로
앞에서 소개한 〈연안백천〉도 〈연안배천〉이라고 불렀다.

하지만 장수산인이 『별건곤』에서 쓴 글 제목에는 〈연안
배천〉을 줄여서 〈연백〉이라고 했다. 장수산인이 말한 연
백인절미에 관한 글을 살펴보자. 먼저 인절미에 관한 설명
이다.

인절미는 조선의 여러 가지 떡 중에 제일 많이 먹고 제
일 맛있는 떡이다. 봄의 쑥 인절미, 단오의 취 인절미, 여
름의 깨 인절미, 가을의 동부팥 인절미, 대추 인절미, 겨
울의 콩 인절미. 그 어느 것이 맛나지 않은 것이 없다. 그
러나 철 중에도 쟁쟁이라고 조선에서 인절미로 제일 유
명한 것은 황해도 연백 것일 것이다.

169　조선과학백과사전출판사·한국평화문제연구소, 『조선향토대백과
18·민속』, 74면.

그러면서 왜 연백의 인절미가 맛있는지 다음과 같이 적었다.

그곳의 인절미는 원래에 원료 되는 찹쌀의 품질이 매우 좋은 것 때문이어니와, 떡을 쳐서 만드는 방법이 또한 묘한 것이다. 그중에도 겨울철의 인절미가 더욱 좋고 새로 만든 것보다도 오랜 것을 구워 먹는 맛이 특히 좋다.

곧 추운 겨울에 인절미를 불에 구워 먹는 맛이 좋다는 것이다. 그렇다면 어떻게 구워 낼까? 장수산인은 〈동지섣달 찬바람에 백설(흰눈)이 펄펄 흩날릴 때에 장연(長淵, 황해도 서쪽)의 백탄(白炭, 장연은 황해도 백탄 산지)을 이글이글 피워 놓고〉라고 썼다. 그러면서 이렇게 구운 인절미 먹는 방법을 이어서 적었다.

젊은 과부의 도망가는 봇짐만큼씩 굵직굵직하게 만든 인절미를 (중략) 거멓게 타도록 구워 내서 한쪽을 오뉴월에 수박 꼭지 따듯이 뚝 딴 다음에 강릉(江陵) 생청(生清, 꿀)을 지르르 부어 놓고 젓가락으로 한참 휘휘 저으면 떡이 다 풀어져서 마치 타락죽(駝酪湯, 쌀죽에 우유를 넣고 끓인 음식) 같기도 하고 율무의(薏苡糜, 율무가루를 묽게 버무린 음식) 같기도 하다. 그러면서도 끈기가 있어서 여간해서는 끊어지지도 않고 맛은 천하제일미(天下第一味)다.

장수산인은 연백인절미의 맛이 얼마나 좋은지 다음과 같이 묘사했다.

서투른 애인과는 같이 먹다가 죽어도 모를 만하다. 이런 의미로 보면 인절미는 한역(漢譯)으로 인절미(人絶味), 즉 사람이 절명(絶命)을 할 만치 맛이 있다고 명명(命名)하여도 좋겠다.

이어서 전해지는 이야기라며 다음과 같이 적었다.

자래(自來) 개성의 보따리 장사들이 〈연백〉이라면 꿈에도 잊지 못하는 것은 무엇보다도 이 인절미에 정을 많이 붙인 것이었다. 그리고 계산을 할 때에 수(數)가 맞으면 의례(依例)히 연안배천인절미라고 부른 것을 보와도 그 인절미가 얼마나 사람의 구미를 끄는지 짐작할 수 있다. 황해도에 도라지타령이라든지 난봉가가 유행하면서 이 명물인 인절미의 타령이 없는 것은 한 유감이다. 맛 좋은 인절미 운치스러운 인절미! 연안성(延安城) 중의 이월천(李月千, 1565~?, 임진왜란 때의 의병) 선생의 임진승첩비(壬辰勝捷碑)와 같이 만고(萬古)의 회자(膾炙, 칭찬받으며 사람의 입에 자주 오르내림)하리라.[170]

하지만 오늘날 북한의 해주에서 인절미가 유명하다는 자료는 아직 발견되지 않았다.

---

170 장수산인, 「사랑의 떡, 운치의 떡, 延白의 인절미」, 『별건곤』.

4
녹두물 낭화

식민지기 이화여전 교수 방신영은 〈녹두물 낭화〉라는 음식
을 황해도 요리라고 소개했다.[171] 4인분 요리에 필요한 재료
는 〈밀가루 한 근(160匁), 녹두 5합, 소금 조금, 물 두 되〉다.
이 음식이 황해도 요리인 이유는 밀가루 때문인 것으로 보
인다. 황해도는 식민지기 전국에서 밀 생산량이 가장 많은
지역이었다.

만드는 방법은 다음과 같다. 〈준비한 밀가루를 물에 반죽
하되 되직하게 충분히 쳐서 반죽을 잘해 가지고 얇게 밀어
서 밀국수처럼 잘게 썰〉어 둔다. 다음에 〈녹두를 깨끗이 씻
어 모래 없이 일어 가지고 솥에 넣고 물을 세 사발쯤 붓고 불
을 때서 끓이되 한 번 끓거든 냉수를 반 사발쯤 치고 다시 한

171   방신영, 「秋期家庭講座(其十) 朝鮮料理 (3)」, 『동아일보』, 1934년
11월 3일 자, 석간 5면

번 끓여서 20분쯤 뜸을 들여 가지고 다시 물을 한 보시기쯤 붓고 또다시 끓여서 뜸을 들여서 녹두가 훨씬 풀리거든 그릇에 퍼놓고 주걱으로 흠씬 욱여 가지고 체에 걸러 놓고 걸러 놓은 녹두물을 솥에 붓고 소금을 반 숟가락쯤 치고 간을 맞춘 후 불을 때며 팔팔 끓이다가 준비해〉 놓는다. 여기에 〈밀국수를 넣고 젓가락으로 살살 저어 국수가 서로 들러붙지 않도록 풀어 놓은 후 한소끔 더 끓여서 대접에 퍼놓고 먹나니〉라고 적었다. 마지막으로 맛과 영양에 관해서는 〈맛도 구수하고 달고 좋으며 영양상 가치도 상당히 많으니 시험해 보십시오〉라고 했다.

음식 이름에 들어 있는 〈낭화〉는 한자로 〈浪花〉라고 쓴다. 〈낭〉은 물결이 이는 모습을 가리키므로, 〈낭화〉는 꽃잎처럼 물결이 이는 음식이라는 뜻이다. 따라서 녹두물 낭화는 녹두의 물에 잠겨 있는 밀 칼국수의 국수 모습이 마치 물결 있는 꽃잎처럼 보인다는 말이다. 낭화는 수제비의 한 종류다. 밀가루를 반죽해서 풀잎같이 얇게 밀어 귀가 나게 썰어 삶은 뒤 건져 고명을 얹고 장국에 만 음식을 낭화라고 한다. 하지만 방신영은 밀국수처럼 칼로 국수를 얇게 썰어 낸 것이라고 했다.

1923년 10월 28일 자『동아일보』 3면에는 〈우리 손으로 제조하는 재래지나제(在來支那製) 당면(唐麵)·분탕(粉湯)·호면(胡麵)〉에 대한 광고가 실렸다. 당면은 일등(一等) 이 100근(斤)에 27원, 분탕은 이등(二等)이 100근에 25원, 그리고 호면은 평양에서 만든 것이 100근에 24원이라고 한 다. 또 편율(片栗)은 〈홋카이도산(北海道産)을 진남포 인 천항으로 직수입하야 염가 제공하오니 1차 시문(試問)하여 보시오〉라고 적었다. 여기에서 편율은 일본어로 가타쿠리 코(片栗粉)의 줄임말로, 녹말가루 혹은 감자가루인 전분을 가리킨다.

이 광고를 낸 업체는 경의선 사리원역 앞에 있던 광흥공 창제면부(廣興工廠製麵部)였다. 대리점으로 평양에 있는 삼정정미소(三精精米所)를 별도로 표기해 둔 것으로 보아,

광흥공창은 생산 공장인 것으로 보인다.[171] 이 광고는 그 후 10월 28일, 11월 5일, 그리고 다음 해인 1924년 4월 24일과 5월 9일에도 같은 신문에 실렸다.[173]

사리원 광흥공창의 양재하 역시 평안도 일대에서 성업 중이던 중국요리옥에서 가장 많이 팔리는 잡채에 주목한 듯하다. 중국인들이 제조하던 재래식 당면을 조선인인 그가 생산한 것도 조선인 손님들이 당면 들어간 잡채를 주로 먹었기 때문일 가능성이 크다. 1920년대에는 전국 각지에 당면 공장이 들어섰다. 당시 경성만 해도 중국요리옥이 2백 군데 넘었으니 조선인의 당면 소비량이 대단했을 것이다. 당시 당면은 더 이상 조선에 살던 중국인이 아닌 조선인이 만드는 품목이 되었다.

그런데 여름 장마가 시작되면 당면을 생산하기 어려웠다. 1924년 5월 9일 자『동아일보』에 광흥공창은 그러한 사정을 예고하는 광고를 실었다. 〈당면 제조는 시기가 유(有)하야 매년 임우기(霖雨期)에는 2개월간 휴업함으로 품절될 터이오니 예(預)히 즉속(卽速) 주문(注文) 적치(積置)하

172 「우리 손으로 제조하는 在來支那製 唐麵·粉湯·胡麵」,『동아일보』, 1923년 10월 28일 자, 3면 광고.
173 주영하,『식탁 위의 한국사』, 282~285면.

시와 하절 상품을 준비하시옵〉[174]이라고 적었다. 이 광고를 통해 당면 소비가 계절을 가리지 않고 이루어졌음을 알 수 있다.

그런데 1939년 5월 23일 자『매일신보』사리원 특집면에서 이 광흥공창의 사장이 양재하라는 인물임을 밝혔다. 기사의 제목은〈당면 제조의 원조, 상업학교 기지(校基) 만 평 희사(喜捨) 광흥공창 양재하(楊在河) 씨〉이다. 기사 전문을 한번 보자.

사리원 특산물로 유명한 당면 제조업계의 원조요, 일반 사회의 신망과 기대를 한 몸에 지니고 있는 씨(氏)의 존재야말로 너무나 유명하다. 전일(前日) 각 신문지상에도 보도된 바 있지만 사리원상업학교 설치에 기지 1만 평(시가 10만 원)의 토지를 쾌척(快擲)한 것을 비롯하여 씨가 현읍회(現邑會) 의원으로 각 방면에 무언역행(無言力行)의 공적이야말로 매거(枚擧)할 수 없다. 무릇 일을 경영함에 있어 그 수완이 비범함과 설계의 정확함은 가위 초인적이어서 일반 세인(世人)들은 기(其) 천재적 섬광(閃光)에 일종의 질투까지를 느끼게 한다. 이렇듯 씨는

174 『동아일보』, 1924년 5월 9일 자, 3면 광고.

대사업가로의 풍도(風度)를 갖추고 있고, 씨는 청년 후대에 만지(滿支)〔만주와 중국〕를 만유(漫遊)하고 돌아와 무엇이나 우리의 손으로 못 만들 것이 없다는 굳은 결심 밑에 현재 광흥공창(廣興工廠)이라는 당면 공장을 이십여 년 전에 설립하고 종업원이 백이십 명에 연 매상고(賣上高)가 이십삼만 원에 달한다고 한다. 이 밖에 씨가 관여하고 있는 대소(大小) 사업은 일일이 매거하기에 겨를이 없을 정도이며 씨는 사리원시 내외에 많은 토지를 소유하고 있는데 사리원 발전을 위하여는 어떠한 것이라도 아끼지 않겠다는 금도(襟度)를 보이고 있어 사리원에는 없지 못할 지보(至寶)요 명실 공히 유지(有志)이다.[175]

이 기사에 의하면, 양재하는 사리원에서 당면을 제조한 원조 인물이다. 그는 청년 시절 만주와 중국을 돌아다니면서 돈이 될 상품을 조사했고, 사리원으로 돌아와 〈우리의 손으로 못 만들 것이 없다는 굳은 결심〉을 하고 장사가 가장 잘될 것으로 판단한 당면·분탕·호면, 그리고 전분을 생산하는 공장을 광흥공창이라는 이름으로 20여 년 전에 설립했

---

175 「唐麵製造의 元祖 商業學校基地萬坪喜捨 廣興工廠 楊在夏氏」, 『매일신보』, 1939년 5월 23일 자.

다. 이로 미루어 보아 양재하는 1910년대 말 사리원에 광흥공창을 세운 것으로 추정된다. 여러 가지 제품이 나왔지만, 광흥공창의 주력 상품은 당면이었다. 해방 이후 당면은 한국 음식, 그중에서도 잡채를 만드는 데 반드시 들어가는 식재료가 되었다.

5장

개성 음식

1
개성 개요

개성은 고려 왕조의 수도였고, 조선 후기까지도 인삼을 비롯한 상품 교역이 매우 활발하게 이루어진 전국에서 몇 안되는 전근대형 도시였다. 고려 시대 개성은 왕실을 둘러싼 내성과 도시의 외곽을 둘러싼 나성(羅城)으로 구획되어 있었다. 1796년(정조 20)까지 개성의 행정 편제는 나성 안의 동, 서, 남, 북 4부와 나성 밖의 7개 면으로 이루어져 있었다.[176] 이 중 나성 안 4부가 조선 후기 개성의 도심이었다. 19세기 중반 나성 안 인구는 거의 3만 명에 가까웠다.[177]

이렇게 개성의 인구가 급속하게 증가한 가장 결정적 이유는 상업의 번성이다. 개성의 상업이 번성한 것은 18세기

---

176 高東煥, 「조선후기 開城의 도시구조와 상업」, 『지방사와 지방문화』 12권 1호(2009): 339.

177 양정필, 「일제하 개성의 한국인 상권과 그 특징」, 『역사문제연구』 제27호(2012): 148.

초반 전국적으로 실시된 대동법(大同法) 때문이다. 대동법은 세금을 쌀, 콩, 옷감으로 받는 제도다. 대동법의 전국적 시행은 개성에 기반을 두고 있던 상인들이 전국적으로 활발한 상업 활동을 할 수 있도록 했다. 1910년대까지 개성의 상점에서는 비단, 무명, 삼베와 같은 옷감을 비롯해 한지와 가구, 그리고 생선과 과일, 놋그릇, 사기그릇 등 다양한 상품을 다루었다. 또한 개성을 기반으로 하여 육로와 해상을 통한 상업에 종사하는 상인이 적지 않았다.

개성의 특산물 중 가장 으뜸은 인삼이었다. 이미 고려 말부터 개성은 인삼으로 동아시아에서 이름이 나 있었다. 17세기 후반 이후 중국·일본과 무역이 활발해 개성 출신 인삼 상인은 평안도 의주에서 중국과, 부산 동래에서 일본과 국제 무역을 주도했다.[178] 1876년 일본과 강화도 조약을 체결해 개방된 이후, 일본인 상업 자본이 서울을 비롯해 기존 도시와 새롭게 개항한 도시를 장악해 나갔다. 하지만 식민지기 개성은 오랜 역사를 지닌 개성 상인의 자본력으로 인해 일본 상인의 침투가 쉽지 않았다.

식민지기 『동아일보』 기자였던 유광렬(柳光烈, 1899~1981)은 『동아일보』 1923년 11월 2일 자 1면에서 〈(개성전기주식

---

178   高東煥, 앞의 책, 360면.

회사) 전등이 조선인의 손으로 가설된 것이다. 인삼이 수출된다. 송고직포(松高織布, 개성의 면직물 공장)가 미약하나마 외국 시장에 명성을 얻었다. 통칭하여 개성은 조선인의 개성이다. 일본인 상점이 몇 개 있으나 조선인 고객이 없어서 흥왕치 못하고 한편 귀퉁이에서 기식이 엄엄(奄奄, 몹시 약한 모양)할 뿐이라 한다〉[179]라고 적었을 정도다.

식민지기 조선 총독부는 개성에 전매국을 설치해 백삼(白蔘)과 홍삼(紅蔘)의 가공과 유통을 관리했다. 백삼은 4년 이상 자란 수삼(水蔘)의 껍질을 제거하고 수분 함량이 14퍼센트 이하가 되도록 말린 인삼 제품이고, 홍삼은 가장 좋은 품질의 수삼을 쪄서 만든 제품이다. 홍삼은 일본을 비롯해 인도와 미국에까지 수출되었다. 이 수출 업무를 일본 기업인 미쓰이물산(三井物産)이 독점했다.[180] 1930년대 이후 미쓰이물산은 뿌리 홍삼인 수삼, 백삼과 홍삼뿐 아니라, 1930년대 이후 인삼을 활용한 비누와 홍삼정 등을 중국을 비롯해 동남아, 그리고 미국에 수출했다.[181] 개성의 조선인 인삼 가공업자는 개성삼업조합(開城蔘業組合) 경영을 통

---

179   유광렬, 「開城行(十八)」, 『동아일보』, 1923년 11월 2일 자, 1면.

180   설혜심, 『인삼의 세계사』(서울: 휴머니스트, 2020), 148면.

181   장일무, 『한국인삼산업사 (제1권)』(대전: KGC인삼공사, 2018), 461~493면.

해 수익을 올리고 있었다. 이 삼업조합의 가공 공장에는 개성의 부인들이 일꾼으로 참여했다.[182] 그로 인해 식민지기 개성 가정의 수입은 조선의 다른 도시에 비해 많았다. 그만큼 개성 사람들이 부유했다는 말이다.

해방 후 개성은 38도선 이남에 위치해 개성 삼포가 그대로 운영되었다. 하지만 한국 전쟁 이후 개성의 인삼 업자들은 1951년 3월 충남 부여로 〈개성인삼전매지청〉을 이전했다.[183] 그런데 개성의 우수한 홍삼 종자를 남한의 풍기나 금산에서 구하기 어려운 것이 문제였다. 결국 〈개성인삼전매지청〉 직원 세 명이 1952년 2월 강화도를 출발해 개풍군 망포(望浦)에 보관되어 있던 개성의 홍삼 종자를 확보했다. 1956년 부여 정림사지 옆에 현대식 홍삼 제조 시설인 〈고려인삼창〉이 준공되면서 개성의 홍삼 종자가 남한에 옮겨졌다.

1930년대 초반 개성에는 최고급 음식점인 요리옥이 8곳이나 있었다.[183] 그중에는 숭인옥(崇仁屋)도 있었다.[184] 식민지기 언론인 문일평(文一平, 1888~1939)은 1930년대 중반 조선의 유명한 지방 음식으로 개성탕반(開城湯飯), 평

182 유광렬, 「開城行 (十二)」, 『동아일보』, 1923년 10월 27일 자, 1면.
183 설혜심, 앞의 책, 150~151면.

양냉면, 전주골동반(全州骨董飯, 전주비빔밥)을 꼽았다.[185] 개성탕반은 요리법에 관한 기록이 전해지지 않아 어떤 음식인지 알기 어렵다. 여러 가지 소고기 부위를 넣고 재래식 조선간장으로 간을 맞춘 장국밥 아닐까 추정해 볼 뿐이다. 식민지기 기록에는 개성편수와 개성소주가 유명했다는 내용이 자주 등장한다. 아울러 개성의 대표적 김장김치인 쌈김치에 관한 기록이 많이 나온다. 개성 쌈김치의 주재료는 배추다. 아울러 개성 출신 동화 작가 마해송(馬海松, 1905~1966)은 식민지기와 해방 이후 서울에 살면서 개성음식에 관한 글을 많이 남겼다.

184 「開城의 料理代 十日萬八千餘圓」, 『동아일보』, 1934년 4월 27일 자, 3면;「開城의 料理價 一金四十萬圓」, 『동아일보』, 1937년 6월 24일 자, 5면.
185 「料理집 뿐이에게 正初가 有罪」, 『조선일보』, 1938년 2월 7일 자, 4면.
186 「소하만필 19, 조선인과 음식물」, 『조선일보』, 1936년 8월 27일 자, 5면.

2
개성편수와 개성소주

1929년 12월 1일 자 잡지 『별건곤』 제24호의 「진품·명품·천하명식팔도명식물예찬」이란 칼럼에는 〈천하진미(天下珍味) 개성의 편수(片水)〉라는 기사가 실렸다.[187] 이 기사를 쓴 저자의 필명은 〈진학포〉인데, 진학포는 개성 출신으로 식민지기 서울에서 활동한 동화 작가다.

진학포는 먼저 먹어 보지 못한 사람에게 음식을 소개하는 어려움을 말하면서 서울 종로에서 먹는 만두나 개성의 가난한 집에서 빚은 편수를 생각하면 안 된다고 말했다.[188]

먹어 본 일이 없는 사람에게 지면으로 그 음식 맛을 소

187   진학포, 「天下珍味 開城의 편수」, 『별건곤』, 1929년 12월 1일 자, 66~67면.
188   주영하, 『식탁 위의 한국사』, 135~141면.

개한다는 것은 가보지 못한 사람에게 없던 경치를 소개하는 것보다 더 어렵고 막연한 일일 것이다. 편수도 편수 나름이지 그 맛이 다 같다고야 할 수 없을 것이다. 그 맛의 호부(好否)를 작정(作定)하는 것은 말할 것 더 없이 그 속(편수 속)의 재료에 있는 것이다. 개성편수 중에도 빈한(貧寒)한 집에서 아무렇게나 만들어서 편수 먹는다는 기분만 맛보는 것 같은 그런 편수는 서울 종로통(鍾路通) 음식점에서 일금(一金) 20전(錢)에 큰 대접으로 하나씩 주는 만두 맛만 못할는지도 모른다. 그것은 고기라고는 거의 없고, 숙주와 두부의 혼합물(混合物)에 지나지 않기 때문이다.

진학포는 개성편수의 특징으로 재료부터 다르다고 했다. 곧〈정말 남들이 일컬어 주는 개성편수는 그런 것이 아니라, 그 속(편수속)의 주성물(主成物)은 소고기, 돼지고기, 닭고기, 생굴, 잣, 버섯, 숙주나물, 두부, 그 외 양념 등 이렇게 여러 가지 종류다. 이것들을 적당한 분량씩 배합해 넣되 맛있는 것을 만들려면 적어도 숙주와 두부 합친 분량이 전체 분량의 3분의 1을 넘어서는 안 될 것이다. 그럼으로 정말 맛있다는 개성편수는 그리 염가(廉價)로 얻어지는 것이 아니

다〉라고 적었다. 맛있는 개성편수 소에 쓰이는 재료는 매우 많기도 하고, 각종 고기와 생굴, 버섯과 채소가 들어간다는 점이 특징이다.

이런 다양하고 좋은 재료를 넣는다고 맛있는 개성편수가 완성되는 것은 아니다. 진학포는 〈상기(上記)의 여러 가지 물건이 개성 부인네의 특수한 조미법(調味法)으로 잘 조미되어 똑 알맞게 익어서 그것이 우리들 입속으로 들어갈 때 그 맛이 과연 어떠할까〉라면서 개성 부인들이 지닌 편수 양념 요리법이 맛있는 개성편수의 또 다른 핵심이라고 적었다. 그러면서 구체적인 요리법은 재료의 조화에 있다고 주장했다. 곧, 〈세 가지 고기 맛, 굴과 잣 맛, 숙주와 두부 맛들이 따로따로 나는 것이 아니요, 그 여러 가지가 잘 조화되어서 그 여러 가지 맛 중에서 좋은 부분만이 한데 합쳐져서 새로운 맛을 일구어서 우리 목구멍으로 녹아 넘어가는 것이니 그 새로운 조화된 맛 그것이 개성편수 맛이다〉라는 것이다.

마해송은 자신이 편수를 좋아한다고 했다.[189] 그러면서 〈두부, 숙주나물, 소고기, 돼지고기, 닭고기는 뼈까지 두들긴 것을 다져서 소를 만들고 밀가루 껍질한 만두다〉라고 썼

189　마해송, 『요설록(饒舌錄)』(서울: 신태양사, 1955), 93면.

다. 진학포가 설명한 편수의 주재료와 마해송이 언급한 것이 같다. 이어서 〈소가 굳도록 좋다. 툭 터져서 허물어지는 것은 두부를 덜 짰기 때문이다. 사람이 누르기보다는 맷돌이라도 눌러 놓아야 한다〉라고 적었다. 마해송은 맛없는 것은 물을 완전히 제거하지 않은 두부를 사용하기 때문이라고 보았다.

진학포는 개성편수 먹는 방식도 소개했다. 곧, 〈개성의 유명한 송순주(松筍酒) 한 잔을 마시고 이름 있는 보쌈김치와 함께 이렇게 잘 조화된 편수 한 개를 곁들일 때 나 같은 식도락(食道樂)의 미각(味覺)은 부지경(不知境)에 이 몸을 황홀경(恍惚境)으로 이끌어 가는 것이다〉라고 적었다.

송순주는 증류식 소주의 한 종류다. 본래 개성에는 집집마다 증류식 소주를 제조하는 관습이 있었다. 당초 조선총독부는 주세령을 반포하면서 자기 집에서 사용할 소주의 직접 제조를 허가해 준 〈자가용소주면허(自家用燒酒免許)〉를 시행했다. 곧 자기 집에서 필요한 소주를 당국에 제조 신청하여 면허를 받는 제도였다. 하지만 1925년부터 조선 총독부는 자가용 면허를 모두 취소하고, 허가받은 술 공장에서만 증류식 소주를 제조할 수 있도록 법을 바꾸었다.

개성의 사업가 김영택은 이러한 사정을 확인하고 1925년 개성양조주식회사(開城釀造株式會社)를 설립했다.[190] 설립되자마자 개성양조주식회사는 1년에 3천 석 이상 생산해 개성의 증류식 소주 업계를 장악했다. 이 회사에서 생산한 증류식 소주 제품 중 소나무의 순인 송순(松筍)의 향을 넣은 송순주와 송로주(松露酒), 송소주(松燒酒) 등 3종 제품은 개성은 물론이고 전국으로 판매되었다. 송순주의 알코올 도수는 30도, 송소주의 알코올 도수는 25도였다. 개성양조주식회사의 증류식 소주는 당시 보통 알코올 도수 35도 이상이었던 증류식 소주를 숙성시켜 30도 혹은 25도짜리를 만들어 낸 결과 매출이 급속히 늘어나는 성과를 거두었다.

개성양조주식회사는 재래식이 아니라 일본에서 수입한 최신식 증류 시설을 갖추었다.[191] 최신식 증류 시설이란 연속식 증류기를 가리킨다. 연속식 증류기는 1826년 스코틀랜드의 클라크매넌셔에 살던 로버트 스타인Robert Stein이 발명했다. 하지만 1831년 아일랜드인 아이니어스 코피Aeneas Coffey가 이것을 개량해 특허patent를 획득하면서 패턴트 스틸patent still이라고 부르게 되었다. 패턴트 스틸 등장

---

190 「將來有望한 開城釀造」,『조선일보』, 1927년 1월 5일 자, 7면.
191 「人蔘으로 有名한 高麗의 舊都 (4)」,『동아일보』, 1927년 11월 31일 자, 4면.

이후 종래 증류기는 포트 스틸pot still이라고 불렀다. 1895년
경 영국의 연속식 증류기가 일본으로 수입되었는데, 식민
지기 일본 양조업자들이 1920년대 초반 연속식 증류기를
한반도에 들여왔고, 그것이 개성양조주식회사의 공장에도
설치되었다.

식민지기 개성의 증류식 소주는 평양과 함께 2대 소주로
꼽혔다. 특히 1932년 개성양조주식회사를 비롯해 송래양
조장(松來釀造場), 송도양조공장(松都釀造工場), 송경양
조장(松京釀造場), 식산상회양조소(殖産商會釀造所) 등
은 개성소주공동판매조합(開城燒酒共同販賣組合)을 설립
해 황해도와 평안도에서 평양소주와 경쟁을 펼쳤다.[192]

마해송은 〈식민지기 개성의 가양(家釀, 집에서 담근) 소
주는 인삼주, 송순주가 많았다〉라고 했다. 또 〈우리나라 소
주는 따끈한 게 좋다는 사람은 많지만 거품이 나는 것을 좋
다는 사람은 없다. (중략) 소주는 따끈한 것이 좋다. 미지근
한 것보다는 오히려 냉주(冷酒)가 좋을 것이다. 이남 사람
은 조주는 냉주로 마시는 것으로 알고 이북은 따끈해야 하
는 것으로 생각하는 것이 보통이다〉[193]라고 했다. 식민지기

192 「開城燒酒組合 공동판매키로」, 『동아일보』, 1932년 12월 18일 자,
3면.

개성 사람들은 아마도 증류식 소주를 따끈하게 데워서 마셨던 것으로 추정된다.

___

193 　마해송, 앞의 책, 140~141면.

3
개성쌈김치

『동아일보』1935년 11월 15일 자석간 5면에는「개성보쌈김
치」라는 기사가 실렸다.[194] 이 기사는 개성 출신 조혜정 씨에
게서 청취한 내용을 중심으로 작성되었다. 그런데 〈개성쌈
김치〉도 보인다. 개성 사람들은 보쌈김치를 다른 말로 〈쌈
김치〉라고 부른다. 〈보쌈〉이란 배춧잎으로 재료를 싸서 담
그는 김치를 말한다. 하지만 다른 의미로 보쌈은 〈딸이 둘
이상의 남편을 섬겨야 될 사주팔자인 경우 밤에 외간 남자
를 보에 싸서 잡아다가 딸과 재우고 죽이던 일〉 혹은 〈가난
하여 혼기를 놓친 총각이 과부를 밤에 몰래 보자기에 싸서
데려와 부인으로 삼던 일〉을 가리키기도 했다. 그래서 개성
사람들은 뜻이 좋지 않은 〈보쌈〉보다 그냥 〈쌈〉을 붙여 〈쌈
김치〉라고 불렀다.

194 「개성보쌈김치」, 『동아일보』, 1935년 11월 15일 자, 석간 5면.

개성쌈김치를 담글 때 가장 중요한 재료는 배추다.[195] 정
혜정은 개성배추는 길쭉해 김치 그릇에 놓일 정도로 잘라
서 큰 그릇에 가지런히 세워 놓을 수 있다고 적었다. 1931년
에 발간된 『조선총독부 농업시험장 25주년 기념지』에는
〈재래 배추 중 유명한 것은 경기도 개성의 소위 개성배추
와 서울의 서울배추 두 품종이다〉[196]라고 되어 있다. 그리고
1920년대에 개성배추는 비교적 북쪽 지방에 많이 보급되
었고, 서울배추는 서울 이남 지방에서 많이 재배된다고 덧
붙이면서 남한 농민들은 서울배추를 주로 재배한다고 밝혀
놓았다.

예전의 배추는 여러 종류였다. 속이 가득 찬 것을 결구(結
球)배추, 반 정도 찬 것을 반결구(半結球)배추, 속이 차지 않
은 것을 비결구(非結球)배추라고 불렀다. 식민지기 개성배
추와 서울배추는 조선 후기 중국에서 종자를 가져온 반결
구배추였다. 그런데 19세기 말부터 중국 산둥성(山東省) 출
신 중국인이 한반도로 대거 이주하면서 결구배추가 들어왔
다. 식민지기에만 해도 사람들은 중국인이 재배한 결구배

195   주영하, 『식탁 위의 한국사』, 159~161면.
196   조선총독부농사시험장, 『조선총독부 농사시험장 25주년 기념지』
(1931): 246.

추를 오랑캐〈호(胡)〉자를 붙여〈호배추〉라고 불렀다.

개성배추와 서울배추는 모두 재래종이다. 결구배추는
겉잎이 길지 않아서 개성쌈김치를 만드는 데 알맞지 않아,
반결구이면서 겉잎이 길쭉한 개성배추로만 개성쌈김치를
담글 수 있다. 개성배추는 서울배추보다 더 직립이면서 길
쭉하다. 그래서 서울배추에 비해 잎이 유연하지만 단맛이
조금 덜하다.[197]

다시 정혜정의 개성쌈김치 만드는 법을 보자.

조기젓국을 위로 솔솔 뿌려 놓은 다음에 큰 잎을 펴고
또 속잎을 한 겹 편 후에 배채를 한 토막씩 올려놓은 다음
에 헤쳐지지 않도록 왼손으로 쥐고 준비하였던 양념을
켜켜로 넣습니다. 그 위에다 굴도 올려놓고 낙지를 넣으
려면 낙지를 넣고 배, 밤 썬 것을 놓은 다음에 다시 속잎으
로 덮고 그 위로 쌉니다. 될 수 있으면 속에 양념 물이 새
어 나오지 않도록 빈틈없이 잘 싸서 항아리에 담는데 한
켜 놓은 다음에 무를 토막 친 것을 다시 떨어지지 않도록
우물 정(井)자로 어여서〔어긋나게 놓고〕그 속에다 양념

197 「品種紹介 (6) 菜蔬編 비菜類〔十字花神〕(上)」, 『동아일보』, 1938년
5월 7일자, 7면.

을 넣어 한 켜 놓습니다. 이와 같이 담아서 꼭꼭 눌러 놓았다가 하룻밤이나 이틀 밤 잔 뒤에 국물을 붓는데 조기젓국을 타서 붓는 데도 있고, 개성에서는 새우젓을 많이 쓰는데 새우젓도 끓이면 국물이 텁텁하고 떫다고 해서 시루에 시룻밑을 깔고 새우젓을 넣어 물을 내려서 씁니다. 새우젓국을 내린 데다가 무 저린 국을 타서 간을 맞춰 붓는데 어떻게 하는 것이든지 간이 맞아야 맛이 나는 것입니다.[198]

『조선중앙일보』 1934년 11월 19일 자 4면에 실린 성의경의 보쌈김치 담그는 법은 매우 상세하다.[199] 우선 재료를 보자.

배추 10포기, 소금 3합(合), 무 5개, 배 4개, 밤 30개, 낙지 반 코[마리], 소라 5개, 전복 5개, 꿀 2사발, 젓조기 4마리, 조기젓국 5합, 고춧가루 1합, 실고추 반의반 근(斤), 청각 1합, 마늘 4통, 파 2단, 생강 반의반 근, 갓 3단, 미나

198　「개성보쌈김치」,『동아일보』, 1935년 11월 15일 자, 석간 5면.
199　성의경,「김장철이 왔다 보쌈김치 담그는 법 (上)」,『조선중앙일보』, 1934년 11월 9일 자, 4면.

리 3단, 꿀 조금.

다음은 담그는 방법이다. 먼저 쌈김치의 배추를 다루는 방법이다.

　좋은 배추를 골라서 잎은 따버리고 노란 고갱이만 골라서 쓰니까 애초에 속이 많이 든 배추를 골라야 하겠습니다. 속속들이 갈피갈피 정히 씻어 소금에 절입니다. 또는 배추는 상하기가 쉬우니깐 다듬어서 소금물을 타가지고 배추를 담아서 숨을 죽인 뒤 씻어서 덜 절인 데는 소금을 넣어 가며 절이는 것이 항용(恒用, 항상)이겠습니다. 그리고 한 잎씩 따서 머리를 잘 맞추어 한 치가량으로 자릅니다. 또 아주 노란 속대는 붙은 채 그대로 두어도 좋습니다. 겉잎사귀는 큼직한 것으로 넓고 찢어지지 않은 것으로 골라서 쌀 때 쓸 것이니 잘 절여 놓으십시오.

이어서 무 요리법을 적었다.

　무는 물이 많고 단 것을 골라서 껍질을 벗기고 길이가 7푼가량으로 동강을 쳐서 또 그것을 폭이 5푼 두께나 2푼

가량쯤 되게 골패 짝같이 고르게 썰어 놓습니다.

이어서 배 요리법이다.

배는 오랫동안 겨울을 나게 되니깐 연해집니다. 그럼으로 처음부터 비교적 단단한 종류 늦게 먹는 배로 단단한 배를 택하는 것이 좋습니다. 껍질을 벗겨서 얇게 채 쳐 가지고 무와 같이 쓰는데 전체의 치수는 무보다 좀 적게 쓰는 것이 좋겠습니다. 그것은 눈짐작으로 될 수 있도록 언제든지 크고 작은 것이 없이 고르게만 썰면 됩니다.[200]

다음은 밤 다루는 법이다.

밤은 미리 물에 감가 두었다가 껍질을 잘 벗기고 납작하게 밤 생긴 모양대로 썰어 둡니다.

이어서 낙지 처리 방법이다.

---

200   성의경, 「김장철이 왔다 보쌈김치 담그는 법 (下)」, 『조선중앙일보』, 1934년 11월 10일 자, 4면.

낙지는 껍질을 벗겨서 1촌(寸)가량으로 잘라 놓습니다.

다음은 소라다.

소라는 알맹이를 따가지고 언저리는 질질한 것과 불결한 것은 다 떼어 버리고 정하게 씻어서 밤과 같이 소라 생긴 대로 큰 것은 반에 쪼개어 납작하게 썰어 놓습니다. 물론 이런 것은 무처럼 반듯하게 한 모양으로는 될 수 없습니다. 만일 소라를 생것으로 준비 못 하게 될 때는 소라젓을 써도 좋습니다.

이어서 전복이다.

전복 조가비를 따고 살을 꺼내서 소금물로 해감내 없이 정히 씻어서 가장이 단단한 것은 도려내고 가운데 연한 부분만 남겨서 얇게 저며 납작하게 소라같이 썰어 놓습니다.

다음은 굴이다.

굴깍지를 잘 골라서 씻어서 소쿠리나 체에 밭쳐 물을 빼어 놓습니다.

다음은 조기젓이다.

집집마다 봄에 젓을 담가 둔 것이 있고 또 예비가 없으면 김장 때 시장에 가면 구비해 있으니 언제든지 얻을 수 있습니다. 비늘을 긁고 살을 떼내어 무쪽보다 조금 크게 썰어 놓습니다.

다음은 고추다.

가루든지 실고추든지 마음대로 살 수가 있습니다.

다음은 청각이다.

깍지모래 잘 골라서 씻어서 낙지만큼씩 잘라 놓습니다. 마늘, 생강, 파 등을 다 곱게곱게 채를 치는 것은 통김치할 때와 같습니다.

다음은 갓이다.

연해 보이고 칠칠하고 싱싱한 것으로 사서 다듬어 줄기가 굵은 것은 쪼개서 1촌 가량쯤 잘라 놓아둡니다.

다음은 미나리다.

텁석부리가 적은 칠칠한 것을 사서 뿌리 잎사귀를 따 버리고 줄기만 남겨 머리를 맞추어 흐트러지지 않게 해 가지고 살살 비벼 가며 씻어서 1촌가량 잘라서 또 한 번 물에 넣어 다시 정히 씻어 줄기 속에 거머리 같은 것이 끼지 않도록 정하게 하십시오.

성의경은 이렇게 재료를 장만한 다음, 쌈김치 버무리는 방법을 적었다. 가장 핵심은 큰 그릇에서 하나의 쌈김치를 담근다는 것이다.

큰 그릇에 한편씩 놓아두었다가 딴 그릇에 차차 보아 가면서 여러 가지를 집어넣어서 버무립니다. 꿀을 두어 사시〔さじ, 숟가락〕넣고 섞어서 뭉치가 되지 않도록 골

고루 버무린 후에 먼저 썰어 놓았던 배채와 무를 잘 섞어서 놓습니다. 그리고 먼저 저려 놓았던 큰 배춧잎을 두서너 잎 펴놓고 그 위에 버무려 놓은 김치를 한 보시기〔속이 깊은 그릇〕가량쯤 되게 집어넣고 잎을 차례차례 싸 들어갑니다. 한 뭉치씩 단단하게 꼭꼭 싸서 항아리에 꼭꼭 눌러 담습니다.

버무릴 때 주의할 점도 적어 놓았다.

굴만은 한데 버무리면 뭉그러져서 보기 흉해지니 따로 놓았다가 쌈을 쌀 때 조금씩 잊어버리지 말고 집어넣어야겠습니다. 아무리 잘 섞어 버무렸다고 하더라도 여러 가지 10여 종이 넘는 양념이 다 똑같이 한 쌈에 들어갈 수 없으니까 싸는 사람이 생각해서 어떤 것이 너무 많고 적은 것이 없도록 쌀 때에 감을 해서 싸 넣기 때문에 사뭇 시간이 걸립니다.

이어서 성의경은〈위에 말씀한 재료로는 한 30개쯤 쌀 수 있을 것입니다. 그래 가지고 항아리에 넣을 때도 아물러 싼 것을 밑으로 두지 말고 오래 있는 동안 풀리기 쉬우니 위로 가도록 담고 위를 덮고 충분히 잠기도록 국물을 해보십시오)라고 적었다.

이어서 젓국에 관해 설명했다.

젓국 이야기는 잘 아실 것이니깐 간략하겠습니다. 그러나 일건 비싼 비용과 많은 시간을 들여 만든 김치가 국물로 하여 맛없이 됨이 없도록 맛있는 젓국물을 해보실 것은 물론입니다. 그늘에서 마냥 익은 뒤 한 쌈씩 밥상에 꺼내서 그릇에 담고 잡수실 때 젓가락을 들어 많은 기대를 가지고 입을 하나씩 열고 헤쳐 보십시오. 아름답기도 하거니와 독특한 향기에 입맛이 저절로 나실 것입니다. 요리가 꼭 맛만 좋아서가 아니라 보기에도 좋고 냄새도 좋은 것이 합해서 비로소 맛을 나타내는 것이니까 보기에도 고운 것은 자연히 손이 그리로 가게 되지 않습니까.

앞에서 소개한 정혜정은 개성쌈김치가 유명한 이유는 만드는 데 힘이 많이 들기 때문이라고 했다. 그래서 개성 사람들이 김장김치를 오로지 쌈김치만 담그는 것은 아니라는 점도 강조하여 밝혔다. 배추김치와 함께 쌈김치를 조금 담아서 손님이 올 때 얌전하게 내놓는다는 것이다. 특히 쌈김치를 독에 넣을 때 잎으로 꼭꼭 싸서 차곡차곡 넣었다가 먹을 때 그대로 꺼내 그릇에 담으므로 속에 있는 쌈김치의 양념이 그대로 있고 맛을 잘 보존한다고 적었다. 또 쌈김치를 독에서 꺼내 도마에 올려놓고 먹기 좋게 썰어야 하는 배추김치와 달리 쌈김치 하나를 그대로 접시에 놓기 때문에 매우 간편하다고 했다.

마해송은 〈김치는 어디까지나 새하얀 배추에 온갖 양념의 색채가 있고 쌈은 꺼멓도록 파란 잎사귀로 꾸리는 것이다. 검푸른 겉껍질 연푸른 속껍질에 새하얀 속살에 윤이 흐르고 속대 노란 오구락 속에 빨갛고 노랗고 꺼멓고 온갖 색채의 양념이 솔깃이 보일 것이니 허벅진[흐벅진] 꽃 한 송이를 화훼(花卉, 꽃)까지 보이도록 펼쳐 놓은 것이 같을 것이다〉[201]라고 개성쌈김치의 모양을 자랑했다.

해방 이후 개성 출신 부인들이 서울에서 개성쌈김치를 담갔다. 마해송은 〈개성의 쌈김치는 고춧가루와 마늘로 해서 먹지 않는 외국인이라도 그것을 하나 펼쳐서 천연색 사진으로 찍어서 보인다면 이것이 무엇이냐고 황홀해할 것이 틀림없다〉라고 자랑했다.[202] 1990년대 초반 일본인 중에서

201   마해송, 『요설록』, 101면.
202   위의 책.

개성쌈김치를 즐겨 먹은 사람이 있어 마해송의 바람이 이루어진 셈이다. 당시 백화점에서는 일본인 관광객을 대상으로 개성쌈김치를 판매한 적도 있다.

하지만 1970년대 이후 한국의 배추가 식민지기 호배추 품종으로 바뀌면서 개성쌈김치를 담그기가 어려워졌다. 북한에서 발간한 책에서는 〈개성 지방에서는 보쌈김치를 주로 음력 정초 명절과 4월 초파일을 전후하여 먹는 풍습이 있었다. 이 풍습은 개성이 조선 시대 상업 도시로서 많은 남정들이 다른 곳에 오래 나가 있다가 정초와 4월 초파일을 계기로 집에 들어와서 생활한 조건과 관련하여 생긴 것이었다〉[203]라고 적었다.

203   조선과학백과사전출판사·한국평화문제연구소, 『조선향토대백과 18·민속』, 79면.

4
개성찜과 개성비빔밥

식민지기 이화여전 교수였던 방신영은 1934년 11월 3일 자석간 5면에서 〈개성찜〉이란 음식의 요리법을 소개했다.[204] 재료는 〈무 중(中) 한 개, 도라지(삶아서 쪼갠 것) 한 보시기, 우육〔소고기〕10전, 밀가루 한 숟가락, 돈육〔돼지고기〕5전, 은행 반 홉, 계육〔닭고기〕적당히, 대추 열 개, 밤 열 개, 계란 두 개, 묵이 열 조각, 설탕 한 숟가락, 석이 다섯 조각, 참기름 한 숟가락, 다시마 조금, 마늘 한 톨, 파 두 뿌리, 간장 한 종자, 실백 두 숟가락, 후춧가루〉등이다. 개성찜의 특징은 소고기, 돼지고기, 닭고기를 모두 사용한다는 점이다.

다음은 만드는 법이다.

무를 채 썰어 반숙해 놓고 다시마를 가위로 채 썰고 고

204 방신영, 「秋期家庭講座(其十) 朝鮮料理 (3)」.

기들을 잘게 썰어서 여러 가지 양념을 해서 간을 맞춰 재워 놓고 도라지를 삶아서 쓰지 않게 물에 울려서 잘게 뜯어서 놓고, 은행은 껍질을 벗기고 번철에 잠깐 볶아서 속껍질을 벗겨 놓고 대추는 정히 씻어서 씨를 빼서 셋에 썰고 밤을 또한 껍질 벗겨서 셋이나 넷에 썰고 석이는 끓는 물에 정히 씻어서 채 썰어서 기름에 약간 볶아 놓고 파와마늘을 익혀 놓은 후 솥에 이 여러 가지를 다 차례로 넣고 물을 자질자질하게 붓고 간을 맞춘 후에 끓여 가지고 계란을 삶아 껍질 벗겨서 대강 썰어 넣고 잘 섞은 후 그릇에 담고 실백을 뿌리고 알고명과 양념을 색스럽게 뿌려 놓습니다.

이 개성찜을 두고 마해송은 다음과 같은 글을 남겼다.[205]

닭과 저육(豬肉, 돼지고기)과 소고기와 무채, 도라지, 밤, 대추, 은행을 달게 푹 찐 것이다.

이것은 방신영의 개성찜 요리법과 같다. 마해송은 개성찜의 맛을 이렇게 적었다.

205   마해송, 앞의 책, 83면.

닭고기를 물면 뼈가 홀딱 빠져나올 뿐 씹을 것 없이 흐물흐물 녹아 넘어가는 것이다. 이렇게 닭과 돼지고기, 소고기를 같이 요리하는 일은 개성의 찜밖에 없다.

그런데 마해송은 개성찜이 고려 후기 몽골이 세운 원나라의 간섭 시기에 개성에 들어온 요리일 것이라고 보았다. 하지만 개성찜의 역사에 관한 기록은 아직 발견되지 않았다.

마해송은 전주비빔밥과 함께 개성비빔밥이 유명하다고 주장했다.[206] 개성비빔밥의 큰 특징은 〈장손마늘〉이라는 마늘을 사용한 데 있다. 마해송은 장손마늘을 두고〈보통 마늘과 달라 알이 잘고 많아서 초에 담근 것을 썰어 놓으면 꽃 한 송이를 보는 것 같다. 서울서는 보통 마늘을 담가서 내어놓는데 장손마늘을 아는 사람에게는 큼직큼직한 놈이 먹음직하다기보다는 징그러울 정도다〉라고 했다. 개성의 장손마늘은 마늘장아찌를 만드는 데 사용하는 큰 마늘이지만, 알은 마해송의 말처럼 매우 작다. 하지만 지금 북한에서는 찾기 어렵다.

206   앞의 책, 144~145면.

분단이 강화시킨 남북한 음식의 이질화

1945년 9월 2일, 일본의 항복 문서 조인으로 6년 동안 진행된 제2차 세계 대전이 끝났다. 제2차 세계 대전의 종식은 미국과 소련의 2대 강대국이 펼친 냉전Cold War의 시대를 열었다.[207] 〈냉전〉은 1947년부터 1991년까지 미국과 소련 사이에 전개된 정치·군사·경제적 긴장을 가리키는 말이다. 미국 역사학자 브루스 커밍스Bruce Cumings(1943~)는 냉전 체제가 〈봉쇄 프로젝트〉와 〈헤게모니 프로젝트〉라는 두 개의 프로젝트로 이루어졌다고 보았다.[208]

207　주영하, 『백년식사』, 144~145면.
208　Cumings, Bruce, "The Wicked Witch of the West Is Dead, Long Live the Wicked Witch of the East," In M. Hogan(Ed.), *The End of the Cold War: Its Meaning and Implications* (Cambridge: Cambridge University Press, 1992), pp. 88~89; 권헌익, 『또 하나의 냉전』, 이한중 옮김 (서울: 민음사, 2013), 36면.

〈봉쇄 프로젝트〉는 주류 국가들이 적의 도전에 맞서 각자의 영향권 안에서 패권을 확보하려 한 양상이다. 주류 국가들은 이 프로젝트의 성공을 위해 종종 국지적 전쟁을 일으켰다. 이에 비해 헤게모니 프로젝트는 미국과 소련의 영향권 안에서 동맹국의 도전에 맞서 패권을 확보하기 위해 자원 유통을 통제하는 양상을 가리킨다. 미국은 일본·타이완·인도와 남한에 자국의 남아도는 농산물을 비롯한 자원을 지원해 패권을 강화했다. 소련 역시 자원과 기술을 동유럽 국가들과 쿠바, 그리고 북한에 지원했다.

한국 전쟁으로 한반도 대부분이 폐허가 되다시피 했다. 특히 북한 지역은 미군 항공기의 공습으로 주요 도시가 거의 초토화되었다. 소련을 중심으로 동유럽과 중화인민공화국(이하 〈중국〉) 등 공산 진영 국가들은 북한의 전후 복구 원조에 앞장섰다. 북한은 소련·중국·동독(통일 전 동부 독일)·체코슬로바키아·루마니아·불가리아·헝가리 등 공산 진영 국가들의 무상 원조에 힘입어 식민지 시기부터 운영되었던 산업 시설 복구에 주안점을 두었다.[209]

공산 진영은 금전적 지원뿐만 아니라, 1천7백 명 이상의 전문가를 직접 파견해 북한의 전문가를 양성했다. 하지만

209   김성보, 『북한의 역사 1』(고양: 역사비평사, 2011), 179~181면.

한국 전쟁 이후 북한 사람들의 식생활에서 소련을 비롯한 동유럽 공산권 국가들의 영향은 크지 않았다. 남한 사람들의 식생활이 서구화의 영향을 많이 받은 점과 다른 측면이다. 오히려 한국 전쟁 이후 북한 사람들의 식생활에 큰 변화를 불러일으킨 것은 사회주의 배급 체제였다.

북한 정부의 배급제는 국가가 공급량을 제한해 상품의 분배와 소비를 조절하는 데 목표가 있었다.[210] 그로 인해 북한 사람들의 식생활은 자급자족에서 소규모 공장제 공급으로 변해 갔다. 1953년 배급 상품 중 음식과 관련된 품목은 양곡, 간장, 된장, 식용유, 소금 등이었다. 하지만 1958년부터 양곡을 제외한 모든 소비재의 배급제를 폐지하고 판매제로 전환했다. 그러나 이 판매제도 직장과 제품 생산 공장과 농장을 연계시키는 방식이었다. 노동자와 사무원은 직장에서 나오는 배급표와 임금으로 받은 돈으로 생필품을 살 수 있는 구매권과 상품 배정표를 매년 초에 배급받았다.[211] 배급제로 인해 북한의 식품 생산 방식은 소규모 공장제 형태였다.

210   박영자, 「북한 일상생활의 식민화와 탈식민화: 여성생활을 중심으로」, 『統一問題硏究』 제42호(2004): 305~306; 이애란, 「1990년 전·후 북한주민의 식생활양상 변화」.
211   박영자, 위의 책, 307면.

이에 비해 1970년대 이후 남한 사람들은 가정에서 소비하는 반 이상의 식품을 공장에서 생산한 제품에 의지했다. 특히 1980년대 이후 남한 사회는 압축 성장의 결실을 보면서 공장제 식품과 외식 위주의 식생활을 영위했다. 1980년대 이후 업체 간 경쟁이 심해지면서 남한의 식품 회사들은 현대적 생산 시설과 유통 시스템을 도입해 서양 식품과 일본 식품을 응용한 제품을 시장에 내놓았다. 1990년대 이후 남한의 외식업은 대형화와 표준화의 길을 걸었다. 특히 외식업 종사자가 늘어나면서 새로운 메뉴가 개발되었고, 그것이 바로 공장제 생산품으로 만들어져 판매되었다.

북한의 소규모 식품 생산은 주로 식민지기 일본인에 의해 구축되었던 식품 종류에서 크게 벗어나지 않았다. 가령 식민지기 한반도에 큰 영향을 끼친 일본 아지노모토(味の素)의 MSG(인공 조미료)를 이어받은 인공 조미료가 북한에서는 〈맛내기〉라는 이름으로 생산되고 있다. 1970년대 한국에서는 미원과 미풍이라는 2대 회사에서 인공 조미료 생산·판매를 독점한 데 비해 북한에서는 오늘날에도 20군데 이상의 공장에서 생산·판매하고 있다.[212] 북한에서 출판

212　강동완, 『서해5도에서 북한쓰레기를 줍다』(부산: 너나드리, 2021), 282~301면.

된 요리책에는 맛내기가 빠지지 않고 나오는 편이다. 이러한 현상은 1980년대 후반부터 한국 소비자들은 학자들의 주장에 따라 건강에 좋지 않은 인공 조미료를 사용하지 않으려 노력하는 모습과 다르다.

이애란은 남한 음식에 대해 설탕이 많이 들어가 단맛이 강하고, 고기가 기름지지 않으며, 탕의 주재료마다 맛이 달라야 하는데 대부분 비슷하다는 평가를 내렸다.[213] 북한 이탈 주민의 남한 음식에 대한 이런 평가는 남한의 식품 산업이 대량 생산 체제의 길을 걸어온 것과 무관하지 않다. 또한 남한 식품 산업의 핵심적 기술이 일본과 구미의 영향을 받은 결과이기도 하다. 곧 남한의 공장제 식품과 외식업 음식에 인공 조미료·설탕·방부제·감미료 등이 많이 들어간 결과가 북한 이탈 주민이 남한 음식에 대해 내린 평가와 맞물려 있다.

또 한 가지 주목할 점은 북한 정부가 강조해 온 〈민족음식〉에 대한 논의다. 2003년에 출간된 『조선향토대백과사전 18·민속』에서는 〈조선민족음식〉이라는 용어를 사용하면서 그 정의를 다음과 같이 밝혀 놓았다.

213   일본 공익 재단 법인 아지노모토 식문화센터 심포지엄, 2022년 10월 2일.

조선민족음식은 핏줄을 같이하는 한 겨레가 하나의 강
토에서 대대로 같이 살아오면서 우리나라에서 생산되는
식생활 재료를 가지고 우리 인민의 구미와 기호에 맞게
발전·풍부화시킨 고유한 음식으로서 거기에는 민족적
특성이 두드러지게 반영되어 있다.[214]

2008년에 출간된『우리 민족료리』머리말에〈오랜 역사
적 과정을 거쳐 선조들이 창조한 전통적인 민족음식을 적
극 장려하고 발전시켜 나가는 것은 우리 근로자들의 식생
활을 개선하며 주체성과 민족성을 고수하고 살려 나가는
데서 매우 중요한 의의를 가진다〉[215]라는 내용이 있다.

곧 북한 정부는 남한에서〈전통 음식〉이라고 부르는 요리
법과 음식에 대해 국가적 의미를 강조한다. 그 이유는 무엇
일까? 북한 정부가 2002년 이후〈우리 민족제일주의〉를 내
세운 민족주의를 강조하기 시작했기 때문이다.[216] 이 점은
한국 정부가 음식을 문화재 혹은 향토 음식으로 강조하는

214   조선과학백과사전출판사·한국평화문제연구소,『조선향토대백과사
전 18·민속』, 87면.
215   지명희·김익천,『우리 민족료리』, 1면.
216   강혜석,「북한 민족주의 연구: 적응적 국가민족주의와 정당성의 정치」
(박사 논문: 서울대학교, 2017), 237~238.

것과 비슷해 보인다. 하지만 1980년대 이후 남한 사람들의 식생활이 점차 산업 식품 위주로 바뀐 반면, 북한은 그렇지 않았다. 조선 시대와 식민지기 남한과 북한의 음식 생태는 약간씩 차이가 있었다. 이 책에서 살펴보았듯이 식민지기에도 남한과 북한의 음식 생태는 결코 하나가 아니었다. 심지어 식민지기 서쪽의 평안도와 황해도의 음식 생태는 동쪽의 함경도와 상당한 차이를 보였다.

1995년 여름 이후 북한은 홍수와 가뭄을 수차례 겪으면서 최악의 식량 위기를 경험했다. 학자들은 이 시기를 〈고난의 행군〉이라고 부른다. 『조선녀성』 1998년 1호부터 2010년 12호까지 분석한 김양희는 북한 정부가 고유한 민족음식 장려 정책, 감자 증산과 같은 대체 식량 마련, 식량 절약과 관련된 기사가 게재되었다고 보았다.[217] 이 중 식량 증산과 관련된 기사에는 염소와 토끼 사육과 감자 관련 음식이 다수를 차지했다.[218] 오늘날 북한에서는 추운 겨울에 얼린 〈언 감자〉에서 전분을 추출해 국수 재료로 사용한다. 최근 평안도에서 메밀 확보가 어려워 평양냉면도 언 감자

---

217   김양희, 「『조선녀성』에 나타난 북한의 식생활정책 ─ 고난의 행군 이후를 중심으로」, 『한국민족문화』 41호 (2011): 309~310.
218   위의 글, 322~323면.

전분을 많이 사용해 국수가 갈색이다.

2008년에 발간된 『조선녀성』 8호에는 〈밥도 맨 낟알로
만 지을 것이 아니라 철 따라 나는 남새〔채소〕와 산나물, 들
나물, 콩나물 등을 섞어 볶음밥, 비빔밥을 지어 먹고, 국수,
빵, 지짐 등 다양하게 만들어 먹도록 하여야 한다〉[219]라고 강
조했다. 이에 대해 『조선녀성』 12호에는 〈나물을 이용한 민
족음식을 장려하고 발전시켜 민족성을 고수하는 것에도 중
요한 역할을 한다〉[220]라고 주장하는 글이 실렸다. 함경도 사
람들은 옥수수를 많이 재배해 강냉이국수를 많이 먹고 있
다. 지방의 경우 옥수수 70퍼센트에 쌀 30퍼센트를 배급해
주기도 했다. 옥수수를 쌀알 크기로 거칠게 가루 내어 주식
으로 먹기도 하지만 소화가 잘되지 않아 주로 국수를 만들
어 먹었다.

북한 이탈 주민이 운영하는 인천 남동구에 있는 북한 음
식점에서는 두부를 이용한 인조고기밥, 두부밥, 언감자떡,

---

219   김희숙, 「식생활을 다양하게 하는데서 나물의 이용」, 『조선녀성』,
2008년 8호, 52(김양희, 『『조선녀성』에 나타난 북한의 식생활정책 ― 고난
의 행군 이후를 중심으로」, 322~325면에서 재인용).
220   「맛있고 영양가높은 산나물을 식생활에 적극 리용하자」, 『조선녀성』,
2010년 12호, 51(김양희, 『『조선녀성』에 나타난 북한의 식생활정책 ― 고난
의 행군 이후를 중심으로」, 322~325면에서 재인용).

〈고난의 행군〉 시절 개발된, 유부밥과 닮은 두부밥. 출처: 평화문제연구소.

농마(감자전분)국수, 옥수수국수, 농마떡국 등을 판매하고 있다. 이 중 인조고기밥과 두부밥은 〈고난의 행군〉 시절 개발된 음식이다. 인조고기는 콩에서 기름을 짜고 남은 찌꺼기를 가공해서 만든다. 이 인조고기에 밥을 채우고 곁에 양념을 발라서 먹는다. 이른바 콩고기 특유의 쫄깃함이 고기의 식감을 대신해 준다. 두부밥은 한국의 유부밥과 닮았다. 〈고난의 행군〉 시기에 개발된 북한 음식은 남한 사람들에게 더 큰 이질감을 준다.

그래도 북한과 남한의 공통된 식사 구조는 〈밥 + 국 + 반찬〉이다. 반찬 중에는 김치가 으뜸이다. 남한과 북한의 김

맺음말

장과 김치가 유네스코 무형 문화 유산에 등재된 이유도 공통된 식사 구조에서 나왔다. 이 식사 구조는 분단 이후에도 크게 변하지 않았다. 다만, 구체적인 음식의 종류와 맛에서 차이가 날 뿐이다. 이 책을 마무리하면서 시인 김지하(金芝河, 1941~2022)의 「김치 통일론」을 소개한다. 이 시를 읽으며 음식을 통한 통일을 생각해 보면 좋겠다.

통일하는 데 있어서, 김치가 필요하다는 이론을 제기한 사람은 없다, 김치야말로, 통일의 지름길이다, 짜건, 싱겁건, 동치미든, 젓김치든, 김치의 맛은 기본적으로 동일하다, 이렇든 저렇든 참 삶은 마찬가지이듯, 김치를 주의해라, 김치를 통해서, 김치의 맛을 통해서, 김치의 맛의 일치성을 통해서, 통일을 생각하는 자는 믿어도 좋다, 기타는 기타는 기타는, 사기꾼이다.[221]

221   김지하, 「김치 통일론」, 『자랑스런 민족음식』(서울: 한마당, 1989).

지은이 **주영하** 음식을 문화와 인문학, 역사학의 시선으로 해석하고 연구하는 음식인문학자. 서강대학교에서 역사학을, 한양대학교에서 문화인류학 석사 학위를, 중국 중앙민족대학에서 문화인류학(민족학) 박사 학위를 받았다. 현재 한국학중앙연구원 한국학대학원 민속학 담당 교수로 재직 중이다. 저서로 『음식전쟁 문화전쟁』, 『차폰 잔폰 짬뽕』, 『음식인문학』, 『식탁 위의 한국사』, 『한국인은 왜 이렇게 먹을까?』, 『조선의 미식가들』, 『백년식사』, 『음식을 공부합니다』, 『그림으로 맛보는 조선음식사』 등이 있다.

분단 이전 북한 사람들은 무엇을 먹고 살았을까?

발행일   2023년 3월 10일 초판 1쇄

지은이   주영하
발행인   홍예빈 · 홍유진
발행처   주식회사 열린책들

경기도 파주시 문발로 253 파주출판도시
전화 031-955-4000 팩스 031-955-4004
www.openbooks.co.kr